中等职业学校课程改革教材

# 旅行社门市接待
## （第3版）

中国旅游协会旅游教育分会　组织编写

主　编　冯国群
副主编　黄奇俊　褚一清
　　　　黄海亮　王淑霞
主　审　黄春祺

北京·旅游教育出版社

图书在版编目（CIP）数据

旅行社门市接待 / 冯国群主编． -- 3版． --北京：旅游教育出版社，2023.8
中等职业学校课程改革教材
ISBN 978-7-5637-4580-7

Ⅰ．①旅… Ⅱ．①冯… Ⅲ．①旅行社－旅游服务－中等专业学校－教材 Ⅳ．①F590.63-62

中国版本图书馆CIP数据核字(2023)第135625号

中等职业学校课程改革教材
**旅行社门市接待（第3版）**
主编 冯国群
副主编 黄奇俊 褚一清 黄海亮 王淑霞
主审 黄春祺

| 策　　划 | 景晓莉 |
|---|---|
| 责任编辑 | 景晓莉 |
| 出版单位 | 旅游教育出版社 |
| 地　　址 | 北京市朝阳区定福庄南里1号 |
| 邮　　编 | 100024 |
| 发行电话 | (010)65778403　65728372　65767462(传真) |
| 本社网址 | www.tepcb.com |
| E-mail | tepfx@163.com |
| 印刷单位 | 北京泰锐印刷有限责任公司 |
| 经销单位 | 新华书店 |
| 开　　本 | 787毫米×1092毫米　1/16 |
| 印　　张 | 12.5 |
| 字　　数 | 196千字 |
| 版　　次 | 2023年8月第3版 |
| 印　　次 | 2023年8月第1次印刷 |
| 定　　价 | 38.00元 |

# 编委会

主　任：段建国（原中国旅游协会旅游教育分会会长）
副主任：徐锦祉（原港澳中心总经理）
成　员：（排名不分先后）
　　　　北京市振华旅游学校
　　　　北京市外事学校
　　　　北京市劲松职业高中
　　　　北京教育学院朝阳分院
　　　　广东省旅游职业技术学校
　　　　贵州省旅游学校（现"贵州文化旅游职业学院"）
　　　　桂林市职业教育中心学校
　　　　海口旅游职业学校
　　　　湖北省旅游学校
　　　　南京旅游职业学院
　　　　秦皇岛职业技术学院
　　　　山东旅游职业学院
　　　　陕西省旅游学校
　　　　上海旅游高等专科学校
　　　　上海市商贸旅游学校
　　　　上海市振华外经职业技术学校
　　　　上海现代职业技术学校
　　　　四川省旅游学校
　　　　太原旅游职业学院
　　　　武汉市旅游学校
　　　　云南旅游职业学院
　　　　旅游教育出版社

总码

# 目录

出版说明/1

入职篇——见习生/1

### 单元❶ 步入旅行社门市/3

项目1 准备我的首日实习/3
项目2 熟悉我的工作环境/6
项目3 了解我的工作内容/9
项目4 规划我的职业生涯/12

### 单元❷ 岗位见习/27

项目5 学礼仪——让仪表仪态匹配岗位要求/27
项目6 补知识——用专业知识充实岗位工作/34
项目7 练操作——用办公设备助力岗位服务/38

专业篇——接待员/43

### 单元❸ 迎宾服务/45

项目8 问候客人/45
项目9 判断需求/47
项目10 引领服务/50

### 单元❹ 咨询服务/55

项目11 现场咨询/55
项目12 电话咨询/60
项目13 信函咨询/62
项目14 网络咨询/65

### 单元❺ 产品推介/69

项目15 散客拼团产品推介/75
项目16 自组包团产品推介/79

项目17　定制旅行产品推介/84
项目18　新型单项旅行产品推介/89

### 单元❻　手续办理/97

项目19　签订国内旅游合同/97
项目20　签订出境旅游合同/101
项目21　签订赴台湾地区旅游合同/105
项目22　签订单项委托合同/107
项目23　收取费用及开具票据/109

### 单元❼　行前通知/115

项目24　国内游行前通知/115
项目25　出境游行前通知/120

### 单元❽　售后服务/135

项目26　受理投诉/135
项目27　客户维护/140

## 管理篇——店长/147

### 单元❾　店员招聘与培训/149

项目28　招聘门市店员/149
项目29　培训门市店员/153

### 单元❿　门市开店/157

项目30　门市选址/157
项目31　门市设立/162
项目32　门市设计/165

### 单元⓫　信息化操作/175

项目33　操作系统简介/175
项目34　标准产品销售操作/178
项目35　包团产品销售操作/182

**参考文献/189**
**后记/191**

# 出版说明

此教材出版之际,正值中国共产党第二十次全国代表大会胜利闭幕之时。

为贯彻落实党的二十大精神,加快推进党的二十大精神进教材,进课堂,进头脑,我社组织专家学者编写了相关教材。

二十大报告指出,要推进高水平对外开放,推动共建一带一路高质量发展。旅游行业是中国对外开放的窗口,是面向世界传播中国文化、讲好中国故事、服务好世界友人的重要渠道。高素质旅游服务人才是推动中国旅游及贸易发展的重要支撑。

为充分发挥旅游业服务国家"高水平对外开放"的功能和作用,响应国家从以制造业为主的开放扩展到以服务业为重点的开放政策,我社将教材的编写与开发重点放在了培养面向高水平对外开放的旅游服务人才上,先后开发了《西餐制作》《西式面点制作》《西餐原料与营养》《热菜制作》《冷菜制作与艺术拼盘》《食品雕刻》《酒水服务》《西餐服务》《西餐烹饪英语》《饭店服务情境英语》《导游讲解》《旅游服务礼貌礼节》《旅游概论》《旅行社门市接待》等中等职业教育外向型专业课精品教材。

旅行社业——一个为人们的旅游出行而奔忙着的行业,一个饱受争议但又不可或缺、有万千员工起早贪黑、有万千导游风餐露宿让人们出行无忧的行业。关于这个行业,人们有太多的话要说。有话要说,是因为人们对这个行业寄予了太多的希望,也是因为人们的出行越来越离不开旅行社从业者的服务。

对旅游者而言，旅行社就是自己出游的管家；对从业者而言，旅行社就是自己施展才华的平台。在中国日益成为旅游目的地大国的时候，活跃在旅行社各岗位上的从业人员，他们对业务的熟悉程度，他们的人际交往能力和对突发事件的应变能力，还有他们对工作的热爱程度及将来会越来越完善的工作保障机制，都是让万千从业者这些个体细胞充满活力，让旅行社这个大家庭健康发展的元素。

现如今，市场对旅行社门市接待从业人员的用工需求日益旺盛，无论是实体店还是以携程旅行、驴妈妈等为代表的电商旅行社，都是如此。如何让门市这个门面有个帅气的亮相，让新手迅速上手、让老手业务更精，便成了我们组织编写这本教材的最大动力。

《旅行社门市接待》从见习生—接待员—店长的成长历程，将门市接待的业务技能及操作要点串联起来，循序渐进，伴您在职业生涯的道路上稳步前行。其主题设计切合旅行社门市接待各岗位工作实际，知识引领专业实用，信息化操作技术具有较强的前瞻性，在同类教材中发挥了示范引领作用。为了将书本知识与工作实际同步对接，我们同步开发了二维码教学资源，将旅行社业务工具包和操作演练搬回家，让您的学习更具有针对性和操作性。

希望我们的良苦用心能够为方兴未艾的旅行社业发展注入新的活力，希望更多的人能够爱上这一行，能够继续起早贪黑、风餐露宿地为游客服务。

旅游教育出版社

2023 年 5 月

# 入职篇

## 见习生

# 单元❶　步入旅行社门市

> 旅行社通过门市柜台向前来问询的客人提供旅游咨询服务，介绍和推销旅游产品，同时也为客人提供其他与旅游有关的委托代办服务。
>
> 在本单元，你将以一名见习生的角色，开始对门市接待岗位有所了解，熟悉门市接待员的工作环境，了解其工作内容和应掌握的职业知识，及行业对门市接待员的能力要求。

## 项目1　准备我的首日实习

小王刚从校园迈入职场，即将从一名学子蜕变为职场中人，周围的环境全然改变，让他有些不知所措。他该如何面对职场生涯呢？

### 🍃 职业场景

> 在两年的旅游专业学习中，小王对旅行社各工作岗位的相关课程非常感兴趣，学校推荐顶岗实习时，他主动提出要到旅行社实习，并被安排在某旅行社门市营业部。周五上午，小王接到了旅行社人事助理的电话，通知他下周一九点前报到，店长会具体安排他的工作。小王利用报到前的两天多时间，做了首次实习前的准备工作。

### 🍃 职场解析

入职第一天，如何做好准备工作，给实习单位领导和同事留下良好印象呢？

1. 切忌上班迟到

上班迟到是入职大忌，在接到实习通知后，首先要做的就是通过网络，或者咨询亲朋好友，掌握实习地的具体地理位置，合理规划路线，估算路上要花费的时间，然后选择合适的交通工具。旅行社的门市营业部一般设在人流密集、商务活动集中的地区，有些门市部甚至设在商务写字楼内，我们最好提前去探探路，做到心中有数。

2. 掌握实习公司概况

掌握的旅行社信息越多，就越有利于实习工作的顺利开展。需要提前掌握的旅行社信息主要包括旅行社的规模、各项经济指标（营业额、利润、市场份额等）、主营范围、业界名声、企业文化等。收集的途径主要有浏览旅行社网站、实地考察、向亲朋好友打听、向专业人士（如实习指导老师等）咨询等。有没有提前做功课，在和实习公司领导、同事的首次交谈中会被他们感知到，这也会从一个侧面反映出你对旅行社的关注和尊重。

3. 注意衣着打扮

圆领T恤、牛仔裤和运动鞋是学生时代的着装标配，但第一天工作，还是以正式着装为妙。尽管旅行社门市不像政府部门和外企那样等对员工服饰有严格要求，但作为旅行社的对客服务部门，一般都会要求着装正式，不能过于休闲和随意。正式的着装胜过千言万语：首先说明你把到公司来上班当作很郑重的一件事；其次，表明你是一个很重礼仪的人；第三，正装使人更精神，让你更容易被注意到，套用美学上的一句话——形式具有内容的含义。因此，实习的时候衣着绝对不要过于随意，衬衣或有领T恤、西裤、皮鞋不失为夏季的最好搭配，其他季节还可以考虑西装配皮鞋。

着装得体

4. 带上工作物品

第一天实习肯定有许多需要学习的东西，好记性不如烂笔头，笔和笔记本是必须携带的物品，这也是你虚心好学的最好证明。

5. 得体自我介绍

首次面对领导和同事，简要地进行自我介绍是必不可少的。面对不同的对象，自我介绍的内容可能略有不同，但大致包括这些内容：姓名，来自什么学校，表明自己学习及工作的诚恳态度，表达自己希望得到对方指导和帮助的愿望等。假如自我介绍的对象是人事管理人员，还可以补充你曾经学过的一些专业课程、专业特长和社会实践经历。

6. 运用形体语言

（1）善用眼神。比如在交谈或介绍自己时，把目光投在对方脸部的小三角区，即对方从额头中心到双眼的正三角区域内。一般和对方目光接触的时间是和对方相处时间的 1/3，每次看别人的眼睛 3 秒左右，让人感觉比较自然。如果同事众多，要用眼神扫过每一个人的脸庞，切忌死盯着某一个人。扫视完毕后可以把焦点设定在人群的中部，并不时照顾一下前后左右的人。

商务注视区域

注视礼

（2）展露微笑。微笑是全世界通行的语言，这是几乎不会被误解的表情语言。在人际交往中，保持微笑，至少有以下几个方面的作用：首先，说明你心情愉快，充实满足，乐观向上，善待人生，这样的人才会产生吸引别人的魅力；其次，表明对自己的能力有充分的信心，以不卑不亢的态度与人交往，使人产生信任感，容易被别人真正地接受；第三，反映自己心底坦荡，善良友好，待人真心实意，使人自然放松，不知不觉地缩短了心理距离；最后，说明你热爱本职工作，尤其在门市接待岗位，微笑更是可以创造一种和谐融洽的气氛，让服务对象倍感愉快和温暖。

微笑礼

（3）点头致意。点头致意常常与微笑礼配合使用。无论是听取领导的工作安排，还是倾听同事的工作指导，或是工作时相互沟通，甚至在走道里相互照面，及时地微笑和点头致意，会充分展现你的礼貌素养。很多实习生往往把微笑和点头致意的对象集中在上司、老板和同事身上，对那些职位比自己低的人如保洁阿姨等不屑一顾，那些看似对自己毫无帮助的人，有时就是给自己指点迷津的人。

致意礼

> **职业操练**

在你所在城市选择一家旅行社门市部，作为你即将实习的单位，列出你的实习交通安排、预备的衣着打扮和携带物品清单，草拟一份简要的自我介绍稿和旅行社概况稿，并试着以你的同学为对象进行介绍。

# 项目 2　熟悉我的工作环境

门市营业部是旅行社对外营业的窗口和旅行社产品销售的重要场所，它不仅是门市接待员工作的地方，更是旅游者与旅行社首次面对面沟通接洽的地方。熟悉工作环境对于一名初入职场的实习生而言非常重要，这能够帮助大家尽快地适应工作角色，为今后顺利地工作打下良好的基础。

> **职业场景**

> 周一一大早，小王早早地赶到了实习的门市部，在店长的带领和同事的介绍下，熟悉了门市部里里外外各岗位的工作环境，他对日后的实习工作充满了期待。

> **职场解析**

一旦成为一名职业人，你 1/3 的时间就会在工作中度过。只有尽快熟悉周围环境，迅速融入新环境，才能让自己适应工作。

1. 硬环境

旅行社门市部一般设在城市重要商业区、居民区、商务区、景区、交通枢纽的街边道旁，这些区域客流量大，交通便利，潜在客户聚集。门市部的门脸有显眼的旅行社标牌，标牌上一般有旅行社名称、LOGO、联系电话等信息，门口会张贴各类旅游产品广告、促销信息、招聘启事等。也有些旅行社的门市设在商务楼宇和酒店内。

智慧旅游体验店效果图

旅行社门市部的硬环境主要包括位置、外观、内部布局、工作设备和用品等。门市的内部布局需要根据面积大小而定，可以划分为迎候浏览区、接待咨询区和后勤工作区。若面积较大，还可以设立面向大客户的业务洽谈区，接待咨询区和后勤工作区可以进一步按照出境游、国内游等进行细分。

作为门市接待人员，日常操作的办公设备主要有电话、电脑、打印机、复印机、传真机、验钞机、电子广告屏、视频播放设备（DVD、液晶电视、数码相框等）、扫描仪等。

在每位门市接待人员的接待桌上，一般摆着存放各类资料和工作表格的文件夹、计算器、收据簿、水笔、公司合同业务章之类的物品。各类资料主要指门市部所售所有旅游产品的明细表；工作表格主要包括咨询登记表、单项产品委托书、旅游合同、出团汇总表、飞机火车时刻表、各旅游供应商联系表等。

2. 软环境

相对旅行社的硬环境而言，软环境是指旅行社内部物质条件以外的企业文化、规章制度、人员结构等因素和条件的总和。

企业文化是旅行社长期以来形成的思想、观念和态度，是企业的灵魂，也是推动企业发展的不竭动力。若想尽快融入新环境，必须学会察言观色，虚心向前辈请教，积极适应企业文化。只有与企业文化合拍，才能在工作中更好地施展自己的才能。

一般来说，旅行社都会有员工手册，这是新员工了解旅行社规章制度最直接的途径。但一些小型旅行社的规章制度主要靠老板和同事言传身教。所以要想迅速融入门市部新环境，只了解员工手册上的规定还远远不够，还需要入乡随俗，多看、多想，多向身边的人请教。比如，有些门市部规定工作期间禁止使用个人 QQ 号登录腾讯即时聊天小程序，一般人员不得进入收银区等。

小型旅行社门市部一般有 1 名店长和若干名接待员，大中型门市部则设有 1 名门市经理，2～3 名分管经理，店员则细分为各大区线路的咨询接待员、收银员、签证员、票务员、客户回访员、总部联络员、投诉接待员、材料整理员等。根据旅行社门市部的规模、操作流程和工作时间安排，职员有时会身兼数职，有时则会专人专职。

◆ 职业操练

考察你所在城市的一家旅行社门市旗舰店，收集这家门市部的工作软环境和硬环境信息，列表说明。

◆ 拓展阅读

旅行社管理制度

旅行社规章制度是公司管理的依据和员工行为的准则，它不仅可以使旅行社人事作业规范化、制度化和统一化，也可以使公司对员工的管理有章可循，强化员工的责任感、归属感。

旅行社在规模上虽有大小之分，但其管理制度离不开总则、劳动条例、休假制度、考勤制度、员工安全守则、奖惩制度、投诉处理等内容。

我们在这里归纳整理了"××旅行社管理制度"，对相关内容感兴趣的读者，可扫下面的二维码，进行拓展学习。

旅行社管理制度示例

# 项目3　了解我的工作内容

门市接待工作的主要内容是通过门市柜台向前来问询的旅游者提供咨询服务,介绍和推销本社的旅游产品,并为旅游者提供各种旅游委托代办服务等。

### 🍃 职业场景

昨天,小王对门市部的工作环境作了比较全面的了解;今天,店长为他指派了实习期间的带教师傅——国内部接待主管、有近十年门市销售经验的赵老师。赵老师领着小王了解了门市接待的主要工作内容。

### 🍃 职场解析

旅行社门市是提供旅游产品咨询和委托服务的主要场所,其各项工作均是围绕着与旅游产品相关的对客服务开展的。

### 一、门市的定义

2009年5月1日起施行、2020年11月修订的《旅行社条例》第十一条规定:"旅行社设立专门招徕旅游者、提供旅游咨询的服务网点(以下简称旅行社服务网点)应当依法向工商行政管理部门办理设立登记手续,并向所在地的旅游行政管理部门备案。旅行社服务网点应当接受旅行社的统一管理,不得从事招徕、咨询以外的活动。"

规定所指的服务网点,就是本书所称的旅行社门市。

《旅行社条例实施细则》第二十一条中,对服务网点作了更加具体的说明:"服务网点是指旅行社设立的,为旅行社招徕旅游者,并以旅行社的名义与旅游者签订旅游合同的门市部等机构。"

### 二、门市的业务范围

《旅行社条例实施细则》第二条对《旅行社条例》第二条有关门市的业务范围做了如下具体说明:

《旅行社条例》第二条所称招徕、组织、接待旅游者提供的相关旅游服务,主要包括:

（1）安排交通服务。
（2）安排住宿服务。
（3）安排餐饮服务。
（4）安排观光游览、休闲度假等服务。
（5）导游、领队服务。
（6）旅游咨询、旅游活动设计服务。

旅行社还可以接受委托，提供下列旅游服务：

（1）接受旅游者的委托，代订交通客票，代订住宿和代办出境、入境、签证手续等。

（2）接受机关、事业单位和社会团体的委托，为其差旅、考察、会议、展览等公务活动，代办交通、住宿、餐饮、会务等事务。

（3）接受企业委托，为其各类商务活动、奖励旅游等，代办交通、住宿、餐饮、会务、观光游览、休闲度假等事务。

（4）其他旅游服务。

此外，《旅行社条例实施细则》第二十二条还规定："服务网点应当在设立社的经营范围内，招徕旅游者、提供旅游咨询服务。"

根据目前旅行社门市的实际运作特点，门市的业务范围主要围绕各项旅游产品开展宣传、咨询、预订、委托、协助出行和售后服务。

### 三、门市的工作内容

在项目2中我们曾提及，不同规模、不同操作流程和不同工作时间安排，会导致门市分工不同，有时门市接待员会身兼数职，有时则会专人专职。此处以大中型门市为例，依照对客服务基本流程，将旅行社门市接待工作大致分为六个模块。

1. 门市迎客

门市是旅行社的门面，客人步入门市后，迎宾员或空闲的接待员应主动打招呼，仔细观察、判断和了解客人意向，然后将其引领至不同服务区。

2. 咨询服务

除了现场咨询外，接待员还要处理通过电话、信函、即时通信工具（如微信、QQ）、网站在线客服、留言区咨询等不同途径问询的事宜，解答有关旅游及相关产品的问题。能当场答复的，要及时解答；不能当场答复的，应在进一步确认相关信息后迅速联系客人。无论提供哪种咨询服务，都应记录下客人的需求和联系方式，并应定期统计汇总客人的需求，以便为产品设计部门提供市场动态信息。

3. 产品推介

根据客人的出行打算或委托项目，不失时机地推介本社销售的旅游产品和代办服务,实事求是地说明产品和服务的特色及优势,并善于利用图片、音像、业界口碑等材料来促成客人的购买行为。按照推介对象不同,可将旅行社提供的产品和服务分为散拼团产品和自组团产品。散拼团产品往往是旅行社已开发、已代理的现成旅游产品,行程内容相对固定;自组团产品通常由团队客人代表选定旅游日和线路,旅行社要进行二次设计和开发。

商务楼林立的北京 CBD

4. 手续办理

在客人作出购买旅游产品的决定后,门市接待就应抓住时机,及时为客人办理相关手续。首先,应当依法规范地与旅游者签订书面旅游合同,这是维护旅游者和旅行社双方合法权益的保障;其次,应与客人约定付款方式,收取部分或全部费用,并开具收据或发票。如客人委托办理票务、会务、签证等其他相关服务,也要签订相关委托协议,明确具体委托事宜和双方的权利义务。对于单纯的旅游产品而言,出境游增加了签证方面的工作内容。

5. 出行通知

旅游团出行前,旅行社还会将一些出行信息通过短信、微信、邮件、出团告知书等形式进一步告知旅游者,如导游(领队)姓名、联系方式、出发集合时间和地点、航班车次、旅游目的地当地气候、风俗禁忌等。对于出境游,不少旅行社还会安排全体旅游者的出团告知会,由领队或门市人员向旅游者介绍目的地国家有关出入境、海关、携带物品、汇率、时差、小费、饮食、电源、安全应急等须知。

6. 售后服务

旅游者在结束旅游返回出发地后,旅行社有时还会继续向客人提供相关服务。对旅游行程不满的客人,也许会来门市投诉;对于一些优质客户,也需要及时回访;门市还会不定期地通过各种途径与服务对象进行沟通联络,增强互信,培养忠实客人,建立旅行社客户资源库。

◆ 职业操练

考察你所在城市的一家旅行社门市旗舰店,列举这家门市接待员的工作内容。

◆ 拓展阅读

### 旅行社各部门岗位职责

旅行社门市主要设总经理、外联部、计调部、导游员、财务部及办公室这几个岗位。总经理是企业的决策人;外联部负责对外业务联系和公关工作,是营销策略的制定和执行部门;计调部主要负责计划与调度,掌握客房、车辆和景区资源;导游员主要履行各种接团、送团、结账等工作职责;财务部是总经理经营决策的主要助手,主要负责旅行社的财务监督、经济核算等工作;办公室负责行政管理和日常事务。

旅行社各部门岗位职责示例

# 项目4 规划我的职业生涯

机会总是被那些有准备的人所把握,一个好的职业生涯规划可以使个人早日实现人生目标。很多职校生对于未来的职业没有一个非常明确的定位,不知道自己将来要做什么,在找工作时都是挑那些待遇高的单位,而没有考虑自身的发展问题。

进行职业规划,针对个人特点确立未来发展方向,对职校生来说格外重要。

## 职业场景

经过两天的实习,小王结识了门市部的许多同事,这些前辈都有着丰富全面的阅历知识、积极主动的待客意识和灵活多变的销售技巧,让他佩服不已。此外,他们都有各自的职业理想,在不同的岗位上不懈努力,争取更好的工作业绩,平时还不断地"充电"学习,实现自我增值。受到同事们的影响,周末休息时,小王也开始规划自己的职业生涯。

## 职场解析

在前三个学习项目中,我们对"门市接待"这个岗位有了一些了解。课本上学不到的知识和技能需要在长期的工作实践中慢慢积累。相信通过努力,你一定会沿着门市接待岗位的职业生涯发展方向不断取得成功。

作为一名初入旅行社职场的实习生,在规划自己的职业生涯时不妨先来了解下面四个问题。

**问题一:门市工作有前途吗?**

"十三五"期间,我国年人均出游超过 4 次,年出入境旅游总人数突破 3 亿人次。根据文化和旅游部发布的 2020 年度全国旅行社统计调查报告,全国旅行社从业人员为 322497 人,门店数量 68019,旅行社总数 40682 家。

"十四五"时期,我国更是加快了旅游强国建设的步伐,努力实现旅游业更高质量、更有效率、更加公平、更可持续、更为安全的发展目标。2022 年 1 月,国务院印发《"十四五"旅游业发展规划》(以下简称《规划》),提出"十四五"旅游业发展的目标和重点任务,为新时期旅游业绘制了清晰的发展蓝图。创新驱动、丰富产品供给、优化空间布局、拓展消费体系……这些关键词不仅明确了旅行社业未来发展的方向,也提振了人们的信心。今天,旅游业经历了新冠肺炎疫情的冲击,克服了一个又一个困难,蓬勃发展的势头仍难以阻挡,人们出游的热情仍然高涨。《规划》指出,"十四五"时期,我国将全面进入大众旅游时代。

目前,旅行社门市形态在不断地迭代发展中,表现出如下趋势和特征:

(1)新时代的旅行社门市不再是单纯的销售窗口,而成为为旅游者提供咨询、体验、服务和互动的平台。

(2)旅行社门市不再依赖传统的线下渠道,而是利用互联网、移动端、社交媒体等线上工具,实现线上线下无缝对接。

(3)旅行社门市不再提供标准化的产品和服务,而是根据旅游者的个性化需求和喜好，提供定制化的解决方案和增值服务。

（4）旅行社门市不再追求规模和数量，而更注重品质和效益，以提高旅游者的满意度和忠诚度。

2019年以来，"新冠肺炎"疫情对旅游业产生了重大影响，加速了旅游市场的在线渗透率，游客越来越习惯在线上平台预订度假产品。但旅游企业没有放弃传统门店，OTA平台反向拥抱线下门店。2023年4月18日，携程旅行线下近200家新门店同时开业，其旅游渠道事业部CEO张力表示，90天不到的时间，携程旅行签约了超过1300家门店。

疫情前，除携程外，同程、途牛、驴妈妈等OTA平台都在进行线下门店布局。一方面，线上流量成本激增，线上竞争几成定局；另一方面，旅游产品线路可变空间大，在游客和平台都追求定制化、私人化的趋势下，线上客服已经难以满足用户日益精细化的出行需求，一些线上平台做不到的事情，在门店却可以进行一对一的售前引导，还可以为消费者提供定制服务，以降低投诉率和退单率。

全国重点文物保护单位·北京古观象台

当潜在的旅游者产生出游动机后，一般会到旅行社的门市网点寻求帮助，了解旅行社产品的构成，认知旅游目的地的风土人情。门市部接待人员根据旅游者的需要，提供相关信息咨询服务，推介适合旅游者的产品，并最终促成旅游者购买产品，这体现了从接待服务到销售服务的完整过程。从这个意义上讲，门市接待服务是产品销售服务的铺垫，而销售服务则是门市接待服务的延伸。

门市接待岗位在旅行社占据着重要的地位，门市接待服务对旅游市场乃至整个旅游业都有着不可估量的推动作用，这个岗位具有巨大的发展前景和空间，期待着广大从业者加盟其中。

**问题二：门市职业生涯发展历程是什么？**

中职学生从事旅行社门市工作，职业生涯历程一般有如下几个阶段：

第一阶段：担当门市接待助理，做一些与门市接待有关的日常辅助工作，如到店客人的迎宾、引导，能接听、记录联系电话，会使用各类办公设备，发放旅行社宣传资料，完成一些门市文案或统计工作，能利用各种方式联络旅行社其他部门或相关接待单位等。第一阶段工作大致持续半年。

第二阶段：通过第一阶段的工作，慢慢熟悉了业务，成为一名专职的门市接待员，能够独立工作，承担一项或多项门市接待工作，如咨询接待、产品推介、各项手续办理、出行通知、售后服务等。该阶段工作时长要视旅行社门市的规模、分工和个人能力而定。

第三阶段：在第二阶段专职岗位工作的基础上，通过旅行社的培养和个人的努力，成为某个岗位的业务骨干或岗位领班，工作经验日益丰富，能带领下属完成业务指标，甚至有工作突破和创新。该阶段工作时长主要依据个人的职业综合素质发展情况而定。

第四阶段：成为门市的店长，全面熟悉门市各岗位的工作，具有门市部门的各项业务管理能力，能够开展店员招聘、培训等人力资源工作，对门市的财务收支进行监督和管理，具备独立创办门市的综合素质。该阶段工作时长至少为[年。

第五阶段：进入旅行社的核心管理层，成为旅行社的副总或总监级别的高层管理人员。能自己创业、创办旅行社，也能被猎头公司发掘，就职于薪水待遇更高的旅行社，这些都根据个人的发展情况和实际才能而定。

以上是旅行社门市接待人员理想的职业生涯纵向发展轨迹。由于个人的职业能力倾向不同，加上旅行社各岗位间的流动性较强，在门市接待职业生涯的纵向发展过程中，各阶段还会出现横向发展，尤其是在第二、第三阶段，不少门市人员会转岗或兼岗从事销售、导游、计调和采购等其他工作。

## 成才案例

赵小天所在的城市以旅游业作为支柱产业，拥有举世闻名的世界自然遗产景点。初中毕业后他考入了职校，并首选了旅游专业，当时的他，对自己的职业生涯还没有明晰的规划，比较迷茫。实习时他原本打算当一名导游，可是由于名额所限，他没有如愿以偿，而是被派往了当地某家大型地接社的门市，从事散客门市接待工作。

在最初的一个月中，他了解了许多门市接待的操作规程和待客接物要求。指派给他的肖师傅知无不言、言无不尽，在业务学习方面给了他很大的帮助。肖师傅是这家门市的元老级人物，在旅游这个行当已经摸爬滚打了十多年，国内国外几乎没有他不熟悉的旅游目的地，旅行社里上百条旅游线路他都能如数家珍，而且还能说一口流利的英语，这让赵小天深深折服。他暗下决心，既来之，则安之，不能因为不是自己心仪的工作岗位而泄气，他开朗、好学，考导游证时锻炼出来的口才和交际能力在门市接待岗位上也得到了发挥。

3个月后，赵小天正式转正，肖师傅安排他从本地游的散客咨询接待工作开始，一年里把省内游、国内游、出境游各个咨询岗位都轮训了一遍。这使他对门市接待工作有了比较全面和深入的认识，明白了门市人员最需要的就是丰富的旅游综合知识、良好的待客沟通推介能力和积极主动的客服意识。相比之下，他觉得自己经历不多，知识面不广，经验不丰富，也缺乏推介宣传的技巧，在很多方面有待提高。此时，他的学习是做中学，目标明确，更有成效。

一年中，赵小天早出晚归，虚心好学，因为业务提成不多，所以工资并不高，但是功夫不负有心人，他的工作得到了门市店长和同事的认可。国庆期间，社里导游不够，计调部临时借调他担任了一个重要团队的导游，他的热情、主动、专业的服务受到了游客的一致好评。自此，每逢旅游旺季，赵小天又多了一个岗位——社内兼职导游。也许是门市接待工作的原因，他熟知游客的出游动机和旅游心理，因此在导游工作中得心应手。尽管如此，他并没有满足于现状，而是报名参加了旅游专业的夜大学习，进一步扩大自己的知识储备、提升自己的综合素质。

一天，人事经理找到赵小天，说总经理知道了他的表现，想进一步培养他，让他进计调部工作。他虽然知道计调部不像门市那样有提成工资，也没有朝九晚五的固定工作时间，经常需要加班，但他还是毫不犹豫地答应了。

3年后，赵小天通过了夜大的自学考试，顺利取得了本科文凭，但他并未停止脚步，又报名参加了交际英语的学习。因为他觉得旅行社的销售、门市接待、导游服务各岗位都存在国际交流合作和服务的可能性。

5年后，随着公司业务拓展，原店长和赵小天一起被派往另一个区域负责组建新的门市部，这又是他锻炼的好机会，门市的选址、申办、布局设计、员工招聘和培训，他亲力亲为。新门市开张后，赵小天回到原来的门市，成为店长。各个门市间的业务也存在竞争，如何使自己负责的门市能独树一帜，领先全社，是他挑战自我的目标。他重新布置了门市的格局，梳理了咨询接待和业务办理的工作流程，对员工进行了深入的待客服务培训，建立了赏罚分明的激励机制，门市业务量一直名列前茅。

之后，赵小天也经历过多次职业选择，如朋友建议他去北京、上海、广州之类的大城市谋求更好的发展，有其他旅行社要拉他入伙，本社的老总也多次邀请他到总部担任副总，甚至有人劝他自立门户，都被他一一婉拒了。他热爱培养和锻炼他的"发家之地"，离不开朝夕相处的"兄弟姐妹"，也许这就是他的职业眷恋吧！面对未来，赵小天充满了信心！

（文中人物均系化名）

**问题三：胜任门市工作需要具备怎样的素质？**

"人无远虑，必有近忧。"这是说一个人如果没有长远规划，那么躲在眼皮子底下的忧患就会不日来临。在就业压力日趋加大的今天，唯有早做准备，制定一个合理、科学、可行的规划，才能让自己在未来的职场上立于不败之地。门市接待人员要想做到这一点，首先应了解胜任门市工作需要具备哪些最基本的职业素质。

1. 掌握现代办公技能

信息化办公是目前各类旅行社业务运营和管理的必然趋势，因此掌握基本的办公电脑软件和旅行社管理软件的操作技能，是门市接待人员的必备技能之一。从业人员还需要熟练使用各种办公设备，如打印机、复印机、传真机、验钞机、电子广告屏、视频播放设备（DVD、液晶电视、数码相框等）、扫描仪、照相机、摄像机等。

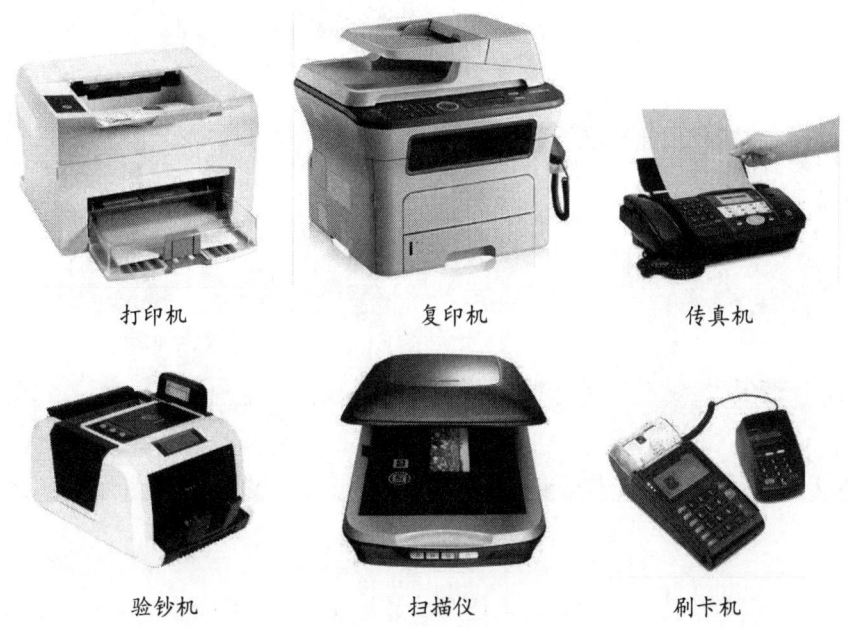

打印机　　　复印机　　　传真机

验钞机　　　扫描仪　　　刷卡机

2. 精通旅游业务知识

门市接待人员首先应熟悉旅行社产品的相关信息，了解各时段、各地区旅游线路的价格信息，充分掌握旅游目的地的资源特征及旅游服务设施的供给状况，从而能够准确地回答客人所提出的各类问题。除此之外，门市人员还需要及时了解国家有关旅游发展的政策及规章制度，能及时掌握旅游市场变化和需求的波动态势，并适当地涉猎一些经济、文化、地理、医学等方面的知识。

3. 捕捉旅游者的需求

门市接待人员必须具备良好的沟通能力，善于倾听、恰当提问，能在交流过程中敏锐地捕捉客人首要的、真实的旅游需求。同时，还要具备细致入微的观察能力，能从客人的言行举止中及时发现潜在需求，积极刺激和引导消费。

4. 善于推介旅游产品

门市接待人员必须具备较强的产品推销能力。一般来说，客人在有了一定出游动机后才会光顾旅行社门市，此时，他们大都尚未确定出行时间、目的地、出游预算及旅行社，这就需要门市接待人员具备强烈的推销意识来争取客源，积极主动、不失时机地向客人介绍本社的旅游产品，善于抓住稍纵即逝的销售机会，引导旅游者购买产品，竭力促成其购买行为。

推介旅游产品

对于门市接待人员而言，上述四项最基本的职业素质中，第一项是入门条件，第二项是基本条件，第三、第四项则是胜任条件。

**问题四：我适合做门市工作吗？**

职业生涯规划设计的基础是对自我有充分的了解。只有了解自己的性格、气质、能力、兴趣及长处和短处，才能有针对性地进行职业选择。

研究学者将人大致分为六种不同的性格，并提出了每种类型的人适宜从事的职业类型。

| 性格类型 | 性格特点 | 给人印象 | 适合的职业 | 不适合的职业 |
|---|---|---|---|---|
| 实际型（R） | 喜欢有规则的具体劳动和需要基本操作技能的工作；缺乏社交能力，不适应社会性的职业 | 不合群的、实利主义的、谦卑的（避免抛头露面的）、循规蹈矩的、自然的、倔强的（不可变通的）、直率的、精神健全的、节俭的、坦诚的、有毅力的、固执的、注重实际的 | 技工、修理工、摄影师、制图员、装配工 | 广告经理、律师、心理学家、室内装潢师 |
| 事业型（E） | 冒险、野心、独断、乐观、自信、精力充沛、善于社交，喜欢从事领导及企业性质的工作 | 精力旺盛的、好出风头的、乐观的、大胆的、兴奋的、自信的、讨人喜欢的、外向的、合群的、野心勃勃的、滔滔不绝的、盛气凌人的、贪得无厌的 | 企业家、销售员、政府官员、律师、房地产经纪人 | 大学教授、经济学家、心理学家、物理学家 |
| 研究型（I） | 聪明、理性、好奇、精确，喜欢智力的、抽象的、分析的、独立的有定向任务的研究性的职业；缺乏领导才能 | 分析型的、独立的、理性的、细心谨慎的、有智慧的、冷漠的（沉默寡言的）、不满的（善批评的）、内向的、孤独的、复杂的、悲观主义的、不摆架子的、好奇的、精确的和不合群的（不讨人喜欢的） | 科研人员、大学教授、内科医生 | 银行家、寿险代理人、房地产经纪人 |
| 艺术型（A） | 想象、冲动、直觉、无秩序、情绪化、理想化、有创意、不重实际；不善于做事务性的工作 | 复杂的、不切实际的、直观的、目无法纪的、不守常规的、感情冲动的、有独创性的、善于表达的、独立的、敏感的、理想主义的和开放的 | 艺术设计师、广告经理、室内装潢师 | 工程师、销售员、警官、银行家、会计师 |
| 社会型（S） | 合作、友善、助人、负责、圆滑、善社交、善言谈、洞察力强，喜欢社交、关心社会问题，有教导别人的能力 | 向上的、乐于助人的、有责任心的、合作的、理想主义的、合群的、耐心的、八面玲珑的、友好的、仁慈的、善解人意的、慷慨的、有说服力的和温暖的 | 教师、咨询人员、公关人员、牧师、导游、社会工作者 | 艺术家、天文学家、木匠、室内装潢师 |
| 常规型（C） | 顺从、谨慎、保守、稳重、有效率，喜欢有系统、有条理的工作 | 小心的、缺乏灵活性的、有恒心的、遵守常规的、自我约束的、实际的、认真的、有条理的、拘谨的、被动的、顺从的、节俭的、有效率的、守纪律的和缺乏想象力的 | 秘书、办公室人员、会计、出纳、图书管理员 | 广告经理、艺术家、室内装潢师、科学家 |

在表中我们不难发现社会型和事业型的人比较适合从事门市接待工作。但这并不代表旅行社门市工作人员中不需要其他类型的员工，如实际型的员工适合从事门市信息化设施设备维护和管理工作；研究型的员工适合分析旅游市场动态，开发新型旅游产品；艺术型的员工善于从事投诉接待、客户维护等售后服务工作和门市的人事后勤工作；常规型的员工适合从事旅游合同签署、收银出纳、汇总统计、文案处理等工作。

### 职业拓展

除了上述性格特点与职业倾向的对应关系外,气质类型与职业选择也存在着密切联系。

苏联心理学家巴甫洛夫把人的气质分为四种:多血质、胆汁质、黏液质、抑郁质。

1. 多血质(活泼型)

多血质的人属于敏捷好动型。这类人更易于适应环境的变化,性情开朗、热情、喜闻乐道、善于交际,与人相处自然,充满自信,常能机智地脱离困境。在工作和学习上肯动脑筋,常表现出机敏的工作能力和较高的办事效率。对外界事物有广泛的兴趣,不安于循规蹈矩的工作。但情绪多变,富于幻想,易于浮躁,时有轻诺寡信、见异思迁的表现,缺乏忍耐力和毅力。

多血质气质类型的人适合从事与外界打交道、灵活多变、富有刺激性的工作,如外交官、管理者、记者、律师、驾驶员、运动员等。他们不太适合做过细的、单调的机械性工作。

2. 胆汁质(兴奋型)

胆汁质的人属于兴奋而热烈的类型。表现为有理想、有抱负、有独立见解。这种人精力旺盛,行动迅速,行为果敢,表里如一,在语言上、面部表情和体态上都给人热情直爽、善于交际的印象。不愿受人指挥而愿意指挥别人。一旦认准目标,就希望尽快实现,遇到困难也不屈不挠,有魄力,敢负责。但往往比较粗心,容易感情用事,自制力差,性情急躁,主观任性,有时刚愎自用。工作带有明显的周期性,能以较大的热情投身于事业,但如果筋疲力尽,情绪会顿时转为沮丧而心灰意冷。

胆汁质类型的人喜欢从事与人打交道、工作内容不断变化、环境不断转换并且热闹的职业,如导游、推销员、节目主持人、公共关系人员等。

3. 黏液质(安静型)

黏液质的人属于缄默而安静的类型,对外界事物的反应较迟缓,无论环境如何变化,都能基本保持心理平衡。凡事力求稳妥,深思熟虑,一般不做无把握的事,具有很强的自我克制能力。他们外柔内刚,沉静多思,很少表露内心的真情实感。与人交往时,态度持重适度,不卑不亢,不爱抛头露面或做空泛之谈。行动缓慢而沉着,有板有眼,严格恪守既定的生活秩序和工作制度,能够高质量地完成那些要求有坚韧不拔、埋头苦干品质和长时间集中注意力的工作。其不足之处是过于拘谨,不善于随机应变,常常墨守成规、故步自封。

黏液质的人的出色之处在于,他们大多数都能很好地利用协调性、积极性、社会性及情感稳定性冷静而出色地表现自己的才能,发挥卓越的能力。

而且，无论地位高低，都能在自己的行业中占有重要位置。他们不仅能从事学术、教育、研究、技术、医生等内向职业，而且可以活跃在政治家、外交官、商人、律师等外向型职业领域。他们中以独特才能驰骋在作家、艺术家、广告宣传、新闻报道领域的也不在少数。在实际工作岗位上，黏液质的人多数精明强干，如出色的公务员、有才气的作家、头脑精明的银行家等。

4. 抑郁质（抑郁型）

抑郁质的人属于呆板而羞涩的类型，对事物敏感，微不足道的小事也能引起情绪波动。情绪体验的方式比较少，极少流露自己的情感，但内心体验却相当深刻。沉静含蓄、感情专一、喜欢独处、交往拘束、性格孤僻，在友爱的集体里，可能是一个很容易相处的人，对力所能及的工作能认真完成，遇事三思而后行，求稳不求快，因而显得迟缓刻板。学习和工作容易疲倦，在困难面前怯懦、自卑、优柔寡断。遇事多疑，往往缺乏果断和信心。

抑郁质的人在人际交往较少的学术、教育、研究、医学等领域也往往有较好发展，校对员、打字员、排版员、检验员、化验员、登记员、保管员等工作也比较适合他们。

从上述的气质类型来看，多血质和胆汁质的员工比较适合从事门市的前台接待工作，黏液质和抑郁质的员工比较适合从事门市的后勤和服务工作。

## 职业测试

### 一、测测你的性格类型（测试结果仅供参考）

想了解你适合从事什么职业吗？

以下有 60 道题目。如果你认为自己属于这一类人，便在序号上画个圈。答题时不需要反复思考。

(1) 我喜欢自己动手干一些具体的能直接看到效果的活。
(2) 我喜欢弄清楚做一件事情的具体要求，以明确如何去做。
(3) 我认为追求的目标应该尽量高些，这样才可能在实践中多获得成功。
(4) 我很看重人与人之间的友情。
(5) 我常常想寻找独特的方式来表现自己的创造力。
(6) 我喜欢阅读比较理性的书籍。
(7) 我喜欢把生活和工作场所布置得朴实些、实用些。
(8) 在开始做一件事情以前，我喜欢有条不紊地做好所有准备工作。
(9) 我善于带动他人、影响他人。
(10) 为了帮助他人，我愿意做些自我牺牲。
(11) 当我做创造性工作时，我会忘却一切。
(12) 在我找到解决困难的办法之前，通常不会罢手。

(13) 我喜欢直截了当，不喜欢拐弯抹角。
(14) 我比较善于注意和检查细节。
(15) 我乐于在所从事的工作中当主要责任人。
(16) 在解决个人问题时，我喜欢找他人商量。
(17) 我容易情绪激动。
(18) 一接触到有关新发明、新发现的信息，我就会感到兴奋。
(19) 我喜欢在户外工作与活动。
(20) 我喜欢有规律，喜欢干净整洁。
(21) 每当我在做重大决定之前总觉得异常兴奋。
(22) 当别人讲述个人烦恼时，我能做一个很好的倾听者。
(23) 我喜欢观赏艺术展和好的戏剧与电影。
(24) 我喜欢先研究所有的细节，然后再做出合乎逻辑的决定。
(25) 我认为手工操作和体力劳动永远不会过时。
(26) 我不太喜欢由我一个人负责来做重大决定。
(27) 我善于和能为我提供好处的人交往。
(28) 我善于调节他人之间的矛盾。
(29) 我喜欢比较别致的着装，喜欢新颖的色彩与风格。
(30) 我对各种大自然的奥秘充满好奇。
(31) 我不怕干体力活，通常还知道如何巧干体力活。
(32) 在做决定时，我喜欢保险系数比较高的方案，不喜欢冒险。
(33) 我喜欢竞争与挑战。
(34) 我喜欢与人交往，以丰富自己的阅历。
(35) 我善于用自己的工作来体现自己的情感。
(36) 在动手做一件事情之前，我喜欢先在头脑中仔细思索几遍。
(37) 我不喜欢购买现成的物品，而喜欢买到材料自己做。
(38) 只要我按照规则做了，心里就会踏实。
(39) 只要成果大，我愿意冒险。
(40) 我通常能比较敏感地觉察到他人的需求。
(41) 音乐、绘画、文字，任何优美的东西都特别容易给我带来好心情。
(42) 我把受教育看成是不断提高自我的一辈子的事情。
(43) 我喜欢把东西拆开，然后再将之复原。
(44) 我喜欢每一分钟都要花得有名堂。
(45) 我喜欢启动一项工作，具体的细节让其他人去负责。
(46) 我喜欢帮助他人，提高他人的学习能力。
(47) 我很善于想象。
(48) 有时候我能独坐很长时间来阅读、思考或做一件难对付的事情。

(49) 我不怎么在乎干活时弄脏自己。
(50) 只要能仔细地完整地做完一件事情,我就感到十分满足。
(51) 我喜欢在团体中担当主角。
(52) 如果我与他人有了矛盾,我喜欢采取平和的方式加以解决。
(53) 我对环境布置比较讲究,哪怕一般的色彩、图案都希望能赏心悦目。
(54) 哪怕明知结果会与期盼相悖,我也要探究到底。
(55) 我很看重健壮的灵活的身体。
(56) 如果我说了我来干,我就会把这件事情彻底干好。
(57) 我喜欢谈判,喜欢讨价还价。
(58) 人们喜欢向我倾诉他们的烦恼。
(59) 我喜欢尝试有创意的新主意。
(60) 凡事我都喜欢问一个"为什么"。

请将你在自测过程中画圈的序号标在下面表格的相应序号处。

| 性格类型 | 实际型(R) | 常规型(C) | 事业型(E) | 社会型(S) | 艺术型(A) | 研究型(I) |
|---|---|---|---|---|---|---|
| 题目序号 | 1 | 2 | 3 | 4 | 5 | 6 |
| | 7 | 8 | 9 | 10 | 11 | 12 |
| | 13 | 14 | 15 | 16 | 17 | 18 |
| | 19 | 20 | 21 | 22 | 23 | 24 |
| | 25 | 26 | 27 | 28 | 29 | 30 |
| | 31 | 32 | 33 | 34 | 35 | 36 |
| | 37 | 38 | 39 | 40 | 41 | 42 |
| | 43 | 44 | 45 | 46 | 47 | 48 |
| | 49 | 50 | 51 | 52 | 53 | 54 |
| | 55 | 56 | 57 | 58 | 59 | 60 |

根据每一栏画圈的数量,将排在前三位栏目顶上的字母填在下面空格处,这就是你性格特点类型的排序。

第一:＿＿＿＿＿＿＿

第二:＿＿＿＿＿＿＿

第三:＿＿＿＿＿＿＿

二、测测你的气质类型(测试结果仅供参考)

下面有60道题,测试时,我们只要把每道题目的意思弄明白,然后把自己的真实想法与下面5种情形对应起来,将相应的分数填在题目后面即可。

(1) 完全一致(或完全赞成,完全符合等,下同)(2分)

(2) 比较一致(1分)

(3) 一致与不一致之间（0分）
(4) 不太一致（-1分）
(5) 很不一致（-2分）

注意：做题时不要累计加分，每题记每题的得分。

(1) 做事力求稳妥，不做无把握的事。
(2) 遇到使你生气的事就怒不可遏。
(3) 宁肯一人干事，也不愿意和很多人一起干事。
(4) 到一个新环境很快就能适应。
(5) 对强烈的刺激如尖叫、噪音、危险镜头等很受不了。
(6) 和人争吵时，总想先发制人，喜欢挑衅。
(7) 喜欢安静的环境。
(8) 善于和人交往。
(9) 羡慕那些善于克制自己感情的人。
(10) 生活有规律，很少违反作息制度。
(11) 在多数情况下情绪是乐观的。
(12) 碰到陌生人觉得很拘束。
(13) 遇到令人气愤的事，能很好地克制自我。
(14) 做事总是有旺盛的精力。
(15) 遇到问题常常举棋不定，优柔寡断。
(16) 在人群中不觉得过分拘束。
(17) 情绪高昂时，觉得什么都有趣；情绪低落时，觉得干什么都没意思。
(18) 当注意力集中于一件事时，别的事就很难放在心上。
(19) 理解问题总是比别人快。
(20) 碰到危险情况时，有极度恐怖感。
(21) 对工作、学习、事业有很高的热情。
(22) 能够长时间做枯燥、单调的工作。
(23) 感兴趣的事，干起来劲头十足，否则就不想干。
(24) 一点小事就能引起情绪波动。
(25) 讨厌那种耐心细致的工作。
(26) 与人交往不卑不亢。
(27) 喜欢热烈的活动。
(28) 喜欢看感情细腻、描写人物内心活动的文学作品。
(29) 工作学习时间长了，常感到厌倦。
(30) 不喜欢长时间谈论一个问题，愿意实际动手干。
(31) 宁愿侃侃而谈，不愿窃窃私语。
(32) 别人说自己总是闷闷不乐。

(33) 理解问题常比别人慢。
(34) 厌倦时只要短暂休息就能精神抖擞，重新投入到工作中。
(35) 心里有话宁愿自己想，不愿说出来。
(36) 认准一个目标就会希望尽快实现，不达目的誓不罢休。
(37) 学习工作一段时间后，常比别人更困倦。
(38) 做事有些鲁莽，常常不考虑后果。
(39) 老师讲授新知识时，总希望讲解慢些，多重复几遍。
(40) 能够很快忘记那些不愉快的事情。
(41) 做作业或完成一项工作总比别人花的时间多。
(42) 喜欢运动量大的剧烈体育活动，也喜欢参加多种文艺活动。
(43) 不能很快地把注意力从一件事情转移到另一件事情上去。
(44) 接受一个新任务后，就希望把它迅速解决掉。
(45) 认为墨守成规比冒险强些。
(46) 能够同时注意几件事物。
(47) 当烦闷时，别人很难使我高兴起来。
(48) 爱看情节起伏跌宕、激动人心的小说。
(49) 对工作认真、严谨，始终如一。
(50) 喜欢复习学过的知识，重复做已经掌握的工作。
(51) 和周围人的关系总是处理不好。
(52) 喜欢变化大、花样多的工作。
(53) 小的时候会背的诗歌似乎比别人记得更清楚。
(54) 别人说我"出语伤人"，我却并不觉得这样。
(55) 在体育活动中，常因反应慢而落后。
(56) 反应敏捷，头脑机智。
(57) 喜欢有条理而不甚麻烦的工作。
(58) 兴奋的事情常使我失眠。
(59) 老师讲的新概念，我常常听不懂。
(60) 假如工作枯燥无味，马上就会情绪低落。

气质类型诊断：

(1) 多血质：多血质一栏超过 20 分，其他三栏得分均较低者，为典型的多血质人。多血质一栏得分在 10~20 分之间，其他三栏得分较低的，为一般多血质人。
(2) 胆汁质：胆汁质一栏得分最多，其他三栏得分相对较低。
(3) 黏液质：黏液质一栏得分最多，其他三栏得分相对较低。
(4) 抑郁质：抑郁质一栏得分相对较高，其他三栏得分相对较低。
(5) 混合气质：其中两栏得分显著超过另外两栏，而且分数比较接近。

如有一栏得分较低，其他三栏相差不大，则为三种气质混合型。

**气质类型量表评分标准**

| 典型气质类型得分表 | 题号 | | | | | | | | | | | | | | 总分 |
|---|---|---|---|---|---|---|---|---|---|---|---|---|---|---|---|
| 胆汁质 | 2 | 6 | 9 | 14 | 17 | 21 | 27 | 31 | 36 | 38 | 42 | 48 | 50 | 54 | 58 | |
| 多血质 | 4 | 8 | 11 | 16 | 19 | 23 | 25 | 29 | 34 | 40 | 44 | 46 | 52 | 56 | 60 | |
| 黏液质 | 1 | 7 | 10 | 13 | 18 | 22 | 26 | 30 | 33 | 39 | 43 | 45 | 49 | 55 | 57 | |
| 抑郁质 | 3 | 5 | 12 | 15 | 20 | 24 | 28 | 32 | 35 | 37 | 41 | 47 | 51 | 53 | 59 | |

要了解自己的气质类型，可以通过日常生活中对自己的观察，或他人的评价，还可参考一些气质量表的测量结果。不过，重要的是要认识到，气质是没有好坏之分的，只有适合与不适合之别。一般来说，各种气质类型都有其优点和缺点。

气质只是人的性格和能力发展的一个前提，各种气质类型的人都有可能在事业上取得成就。据分析，俄国四位著名文学家就是四种不同气质类型的代表：普希金属胆汁质，赫尔岑属多血质，克雷洛夫属黏液质，果戈理属抑郁质。气质本身是不能预测成就大小的。了解自己气质的意义在于：尽量根据自身的特点选择最适合的发展方向和人生道路。

◆ 职业操练

假如门市接待员是你的职业选择，请撰写一份自己的职业生涯规划书。

# 单元❷ 岗位见习

> 旅行社门市接待人员提供对客咨询服务时,不仅要用扎实的旅游专业知识做好产品的推介工作,还要具备娴熟的现代办公操作技能做好各类信息化资料的处理工作。除了上述"硬服务"外,还有"软服务",那就是用良好的仪容仪表,为客人提供美好的职业形象服务。

## 项目5  学礼仪——让仪表仪态匹配岗位要求

有位著名的企业总裁曾说过:"作为一个企业的领导者,为什么要讲形象?因为形象就是宣传,形象就是效益,形象就是服务,形象就是生命。在市场经济条件下,形象重于一切。"形象代表档次,档次决定价格,价格产生效益,这是一个连锁反应的循环圈。对于旅行社来说,注重仪容仪表是门市员工的基本素质,它不仅反映员工的精神面貌,更代表了企业的整体形象。

### 职业场景

通过两天的实习,小王发现实习工作和学校的学习生活完全不同,且不说工作内容和要求,单在仪表、仪容、仪态方面,赵老师就给他提出了很多要求,诸如发型、着装、站坐姿势、接听电话等都有许多要求。

### 职场解析

门市接待作为对客服务岗位,在礼仪方面有着很多要求,包括着装得体、仪容亲和、举止大方、动作规范、仪态优雅等。

仪容仪表礼仪

## 一、着装礼仪

穿着得体不仅能体现职业人良好的仪态,更是尊重他人的需要。到旅行社门市见习时,需要注意以下几个方面的着装要求。

着装礼仪

1. 服饰风格应与岗位性质相匹配

作为职校见习生,着装要有青春气息,给人干净利落的职业印象。

男同学的着装要简洁大方,总体偏传统、正规;女同学的着装要端庄、高雅。

旅行社门市接待人员的服饰一般不能过分华丽、时髦,要突出严谨、活泼、热情的职业特点。

2. 要求服装干净、平整

在旅行社门市工作,不管有无专用工作制服,男女同学的着装均以整齐、清洁为第一要义。男同学要随时保持衣领、袖口洁净;要将西装或西式制服熨烫平整,皮鞋以为黑色为宜,要干净、锃亮。女同学着套装或裙装,穿裙装时裙子要过膝而且要平整。

3. 服装的颜色与款式的选择

每个人的肤色、发色、气质不同,适合各自特点的衣服也不同,要选择一套适合自己的职业装。

男同学应选择稳重的颜色,比如灰色、炭黑色、深蓝色。款式上,上装宜穿着西装、夹克、T恤;下装可用西裤搭配,但一定要注意合身。

女同学在服装颜色的选择上弹性较大,淡蓝、暗红、米色、栗色、黑色都可以，一般以纯色为宜。要掌握上浅下深、里浅外深的搭配原则。款式上可选择套装或裙装。

4. 服装与配饰的搭配要协调

巧妙地佩戴饰品能够起到画龙点睛的作用。男同学的领带、皮带，女同学的小丝巾、小坠链等都可以给服装增添色彩。在搭配时，应尽量选择同一色系的，要与服装和谐统一。

## 二、妆容礼仪

男女同学对妆容礼仪应有所侧重，男同学应多关注发型，女同学则应多关注化妆。

1. 发型

头发的造型是仪容美的重要部分。美容学家认为，发式是人的第二张面孔。修饰发型的关键是要整洁，发型得体会使人神采奕奕、容光焕发。具体要求是：男同学前发不附额、侧发不掩耳、后发不及领；女同学的刘海可以齐眉，但不要遮住眼睛；后发超过肩膀的最好用发卡或者发箍束起来。

头发要洁净，没有头皮屑；一般不提倡染发。

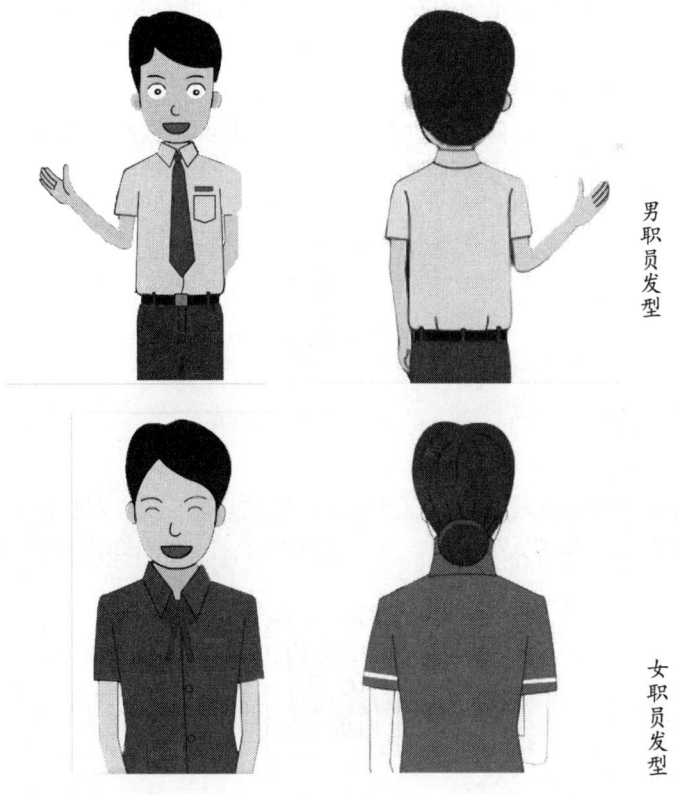

男职员发型

女职员发型

2. 妆容

女同学上岗前要化淡妆,基本要求是自然、协调。自然,就是化妆后没有雕饰的痕迹;协调,是指与服饰相协调、与环境相协调、与自己的年龄相协调。如果要用香水,应清淡、舒畅。男同学要尽量刮尽胡子,给人精神、干练的印象。

### 三、仪态礼仪

仪态是指人在行为中所呈现出来的各种姿势、表情和风度。在服务过程中,服务人员的感情流露和与客人的交流经常会借助于身体的各种姿态,这就是我们常说的"体态语"。仪态在表情达意方面虽然不如有声语言那样明确,但是,仪态在表露一个人的性格、气质、心理活动及对待他人的态度方面却比有声语言更真实可靠。

仪态无论得体还是不得体,都不是与生俱来的,而是在长期的社会生活中慢慢养成的。仪态一旦养成,改变起来会十分困难。为此,在与人交往相处时我们必须从细节入手,时时留心、处处注意,不断养成良好的行为习惯,克服不良的行为举止,建立良好的人际关系。

1. 站姿

挺拔、典雅的站姿是一种静态的美。站立时,重心要自然落于双脚中间,抬头挺胸,放松肩膀,平视前方。谈话时,尽量保持身体挺直,面带微笑,与对方保持一定距离。

身体歪斜、靠墙、倚桌,站立时手里玩弄物品,这些举止会暴露一个人的心不在焉,既失礼,又不雅观。

站姿训练

2. 坐姿

良好的坐姿给人冷静、沉着、稳重的感觉。就座后,双膝自然并拢,双腿正放或侧放。和客人交谈时,一般坐满椅子的 2/3,脊背不要靠着椅背。

坐姿训练

3. 走姿

挺拔和优雅的走姿是良好形体语言的展现。行走的基本要求是：靠路的右侧走直线，步态从容、稳健，上身挺直，抬头挺胸，双肩、双臂不僵硬，精神饱满。

走姿训练

4. 微笑

不同的笑容可以表达不同的情感，其中，微笑是最好的人际交往"润滑剂"，它可以迅速拉近客我双方的距离。在社会交往中学会微笑、善于微笑，不仅能够展示自己的自信，也能向他人传递我们的善意和积极的人生态度，为我们争取到更多的机会。

微笑礼

5. 握手

握手礼是在社交活动中使用频率最高、适用范围最广的一种礼节。人们在见面时、分别时、问候时、祝贺时、表示友好时及和解时常常会使用握手礼。在旅行社门市部见习，迎送客人特别是签约送客时一般都会用到握手礼。

握手礼

具体使用握手礼时，力度要适中，眼含笑意，目视对方，伸出右手，握住对方的手两三秒即可。如果客人第一次到门市，一般不要主动握手；如果客人是异性，一般也不要主动握手。

四、语言礼仪

1. 讲文明礼貌

客人进入门市时，应微笑起立，主动打招呼："您好，有什么可以帮到您？"客人准备离店时，应礼貌致意"请问还有什么需要我们做的？"将客人送出门市，并说"再见"，目送客人离开。要特别注意，来者都是客，不管客人有无购买产品，都应热情招待，一视同仁。

2.称呼恰当

与客人交谈时，一般称"您"，以示尊敬。交谈进入一定层次后，为了拉近距离，业内通行将女士称为"姐"，将男士称为"哥"。

3.用语准确、规范

与非本地客人交谈时不能使用本地方言和口头禅，以免使客人理解困难。回答客人的提问要确定、详细，不可信口开河。杜绝"好像""大概""基本上"之类的弹性用语。

4.控制好语速和语调

在人际交往的过程中，如果我们不注意说话的语气、语调并把握好语速，会使我们的语言失去艺术性。例如，高、尖、细的嗓音会给人幼稚、不稳重的感觉；语速过快且声音过大，会让人觉得脾气急、易冲动；语速过慢声音过小，则会使人感到思维迟缓、不自信。圆润、浑厚、明亮、穿透力强的声音能带给人亲切、自信和大度的感觉。

规范服务用语

## 五、电话礼仪

接听、拨打旅游咨询电话是旅行社门店实习生比较常见的工作。

电话礼仪

1. 接拨电话前

（1）准备好笔和纸，随时记录谈话要点和客人主要需求，对方需要留言时，也可做到有备无患。

（2）电话响三声之内接起电话。接听电话时，不要吃东西、喝水或抽烟，要保持正确的姿势。

（3）面带微笑迅速接起电话，让对方在电话中也能感受到你的热情。接拨电话时脸部的微笑表情有助于保持更好的心态。

（4）拨打电话时，列出要点，避免浪费时间。

2. 接听电话

（1）接听电话时要停止一切手头的工作，不要让对方感到你心不在焉，察觉你在处理一些与通话内容无关的事情，这是不礼貌的表现。

（2）注意接听电话的语调，让对方感到你非常乐意提供服务，在你的声音当中能听出你是在微笑。

（3）注意控制语速，让你的声音听起来更动听、更有魅力。

（4）注意接听电话的措辞，不能让对方感到不受欢迎。

（5）当通话受到干扰未听清对方通话内容时，要在通话恢复正常后向对方表达歉意，并请对方重复未听清的部分。

（6）对方的谈话内容很长时，要适时附和，如使用"是的""好的"等来表示自己在倾听。

（7）需要搁置电话时或让客人等待时，应给予说明，并致歉。

（8）如果接听电话的事项自己回答不了，应及时转接至其他分机上，并让对方知道电话是转给谁的。

（9）当发现工作手机有未接电话时要及时回复。

（10）若非紧急情况，晚上十点后尽量不要给客人打电话，以免打搅客人休息。

（11）如果接到的电话是找自己上级的，不要直接回答上级在还是不在。要询问清楚对方的姓名和大概意图，然后让对方稍等，将所了解的情况告诉上级，由上级决定是否接电话。

### 接听电话话术举例

主动问候，报部门并介绍自己。

　　"您好！这里是xxx旅行社xxx门市营业部，请问有什么可以帮您？"

如果对方拨错电话或找的人不是自己，应代为留言。

　　xx不在，我可以替您转告吗/请您稍后再来电话好吗？

　　对不起，这里是xxx旅行社xxx营业部，您要找的是不是……

如果客人第一次打来电话咨询业务，不要唐突地问对方"你是谁"。

　　您好！请问您是xxx单位吗？

　　我是xxx旅行社xxx营业部，请问怎样称呼您？

结束通话时可以将自己的电话号码和回电时间告诉对方，或者请对方留下联系方式。

　　对不起，请留下您的联系方式，我们会尽快给您答复，好吗？

通话结束时，要用积极的态度，最好称呼对方的名字来感谢对方。

　　感谢xx先生您的来电，期待再次为您服务！

❂ 职业操练

(1)为自己设计一套实习装束打扮方案并进行展示,同学间互评。
(2)对着镜子练习:按照旅行社门市工作岗位的要求,对着镜子反复练习站、坐、走姿。

# 项目6 补知识——用专业知识充实岗位工作

储备丰富的知识是做好门市工作的重要前提。

客人一般从接待人员的应答中判断旅行社是否可靠、专业、可信,以及旅游产品是否物有所值。这就要求旅行社门市接待人员必须有深厚的知识储备,尽可能满足客人的咨询需求,提供更加丰富而有针对性的旅游产品,努力让自己的旅游专业知识达到能够胜任岗位工作的要求。

❂ 职业场景

在起初几天的实习工作中,赵老师并没有分配给小王具体的工作,只是让其在一旁观察他的服务接待过程。小王默默地思考着赵老师接待的每位客人的咨询问题。通过观察学习,他不得不为赵老师渊博的知识所折服。赵老师对旅行社产品价格、行程、班期等要素几乎倒背如流,而且食、住、行、游、购、娱方方面面也介绍得头头是道,如数家珍。小王决定用一个月的休息时间,好好地补习回顾一下这些专业知识,多向师傅们请教。

❂ 职场解析

旅行社门市接待人员需要掌握的专业知识是多方面的,除了熟知与本旅行社产品相关的知识和业务流程外,还要掌握旅游市场知识、旅游资源知识、政策法规知识、交通出行知识、政治经济知识等。

一、旅游产品知识

旅行社的各类旅游产品在其内部的产品资料册、管理软件、宣传单和画册、张贴画、网站等都有比较详尽的介绍。实习生应第一时间全面而准确地掌握这些信息,及时更新旅行社新近推出和重点推出的产品信息。实习生还要学会比较各种旅游产品在交通、住宿、参观、用餐等要素构成方面的优点和不足,以便有的放矢地向游客推荐介绍。

旅游产品的核心价值在于审美体验,尤其是观光型旅游产品更是如此。在向客人推荐产品时,仅仅背诵出路线、价格是远远不够的,客人更希望了解该产品的审美体验,这就需要你通过各种途径更加深入地了解各种旅游产品,获得这种体验后才能更好地向客人传递产品信息。

## 二、业务流程知识

旅行社门店在接待客人、接受咨询、登记、跟进等一系列工作上有规范的流程和做法,针对散客和包团旅游客户、自营产品和同行产品、国内游产品和出境游产品、包价游产品和自由行产品、纯旅游产品和会务接待产品、飞机游产品和其他交通工具游产品等,都有不同的操作流程。作为实习生,应尽快熟悉门店业务流程知识,及相关表格资料的使用方法。

## 三、旅游市场知识

掌握旅游市场知识是满足客人旅游需求的必然要求。旅游产品市场、价格市场、客户市场、需求市场处于瞬息万变之中,门市接待人员要能分析出市场变化对旅游者带来的影响,向到店客人提供有针对性的产品推介服务。实习生要通过浏览网页等途径,及时掌握旅游景区、交通、娱乐、购物、会展、节事动态,诸如景区桃花、樱花盛开的时间和规模,赏雪、观潮、听瀑的最佳时间和角度等,提高对客沟通的有效性和针对性,获得客人对门市接待人员专业水平的认可。

## 四、旅游资源知识

世界文化遗产——中国大运河遗产点·扬州瘦西湖

旅游资源知识涉及历史、地理、民族、宗教、民俗风情、风物特产、文学艺术、古建园林等诸多方面。这些知识不仅是导游人员开展讲解工作的素材,同时也是门市接待人员开展日常咨询业务时与客人沟通交流旅游线路的重要内容。

旅游资源知识包括国际、国内的行政地理区划、国内外热点旅游城市和景观的分布、人文景观的历史渊源和文化底蕴、各旅游目的地的代表性景点、风物特产、民俗风情、接待条件、气候气象等方面。只有将这些知识了然于胸，才能将整条线路涉及的各类旅游景点和旅游项目有机地联系起来，融会贯通，才能在推介产品时做到合理搭配、凸显特色。

我国旅游资源国家标准分类

### 五、政策法规知识

掌握与旅行社业务相关的政策法规知识不但是门市接待人员顺利完成本职工作的保证，同时也有助于旅行社规避合同履行过程中的风险，保障旅行社的合法权益。

首先，政策法规知识是门市接待人员开展工作的根本指针。在进行业务操作的过程中，我们必须以国家的方针、政策和法规为指导，按照法律法规的规定来开展工作，保证业务的开展是在法律法规许可的范围内进行的。

其次，在旅游过程中出现相关问题及投诉等情况时，门市服务人员也必须按照国家的政策和旅游业的相关法律法规来处理，以政策法规作为行事的依据。

最后，门市服务人员要从我做起，遵纪守法。牢记国家现行的旅游方针政策，掌握有关法律法规知识，了解国内外游客在旅游过程中所应享受的权利和承担的义务。只有这样，才能在解决问题时做到有理、有利、有据、有节，有效避免工作中的失误和偏差。

中华人民共和国旅游法　　　旅行社条例

在诸多政策法规知识中，《中华人民共和国旅游法》是根本大法，它是为保障旅游者和旅游经营者的合法权益，规范旅游市场秩序，保护和合理利用旅游资源，促进旅游业持续健康发展而制定。它在旅游者、旅游规划和促进旅游经营、旅游服务合同、旅游安全、旅游监督管理、旅游纠纷处理、法律责任等多方面做出了具体规定，中国旅游业全面进入有法可依、依法治旅的新时代。除了《中华人民共和国旅游法》，门市接待人员还要熟知的政策法规包括：民事法规，旅行社管理法规，旅游安全与保险法规，出入境管理法规，旅游交通管理法规，食品卫生、住宿与娱乐管理法规，旅游资源保护法规，旅游消费维权与纠纷法规，以及其他地方性旅游法规等。

### 六、交通出行知识

交通出行是旅游六要素之一，不管是包价游产品、自由行产品还是单项委托产品，有关交通出行方面的问题是客人咨询的主要项目。

门市接待人员经常接触到的交通出行问题主要包括：从组团地到旅游目的地应该选择什么样的交通工具？能否告知交通工具的乘坐时间、交通工具的等级？行李托运注意事项都有哪些？飞机、高铁和动车哪个性价比更高？乘坐飞机应选择哪家航空公司的哪趟航班？飞机是否含餐？订购机票的要求和折扣都有哪些？老年游客订购机票有哪些注意事项？市区距离机场有多远？能否安排接送机？乘坐邮轮的注意事项有哪些……对于这些问题，门市接待人员要了然于胸，平时在工作中要善于使用地图和交通时刻在线查询网站或APP进行工作。

北京大兴机场

### 七、政治经济及民俗风情知识

门市接待人员推介的旅游线路产品要满足不同国家、不同游客的个性化需求。不同游客来自不同地区的不同社会阶层，客源地和旅游目的地的社会、政治、经济环境及风土民情、宗教信仰、禁忌习俗等都会影响旅游者的购买行为，也会直接影响他们的旅游需求，门市接待人员要掌握相关的政治、经济与社会知识，以便提供个性化的服务。

从事出境游的门市接待人员还应了解国际形势和各时期的国际热点，掌握我国的外交政策，熟悉客源国或旅游接待国概况，掌握国际货币的主要种类及换算规则，对各国主要货币的流通情况及汇率有所了解。同时还要把握世界范围内的旅游信息和行业动态,尤其要时刻关注旅游目的国和当地旅游部门发布的出境旅游警示，履行出行安全告知义务。

掌握政治经济及民俗风情知识，有助于推介不同线路的旅游产品。对于国家之间文化差异的了解也有助于门市接待人员在推介产品时凸显旅游目的地的地域风情和特色文化，增强旅游产品的吸引力，提升客人的游兴。

### 职业操练

（1）收集本地周边游、省内游、国内游和出境游的主要旅游产品线路5～10条。

（2）收集民事法规，旅行社管理法规，旅游安全与保险法规，出入境管理法规，旅游交通管理法规，食品卫生、住宿与娱乐管理法规，旅游资源保护法规，旅游消费维权与纠纷法规，以及其他地方性旅游法规等，列举出其中与旅行社门市推介服务有关的内容。

# 项目 7 练操作——用办公设备助力岗位服务

在信息化社会，办公自动化条件不断改善，即时沟通软件推陈出新，门市接待人员要与时俱进，熟练操作和使用各种现代化办公设备，胜任不断变化的门店接待岗位。

### 职业场景

这天，小王正在翻阅旅行社的产品线路手册，赵老师交给他一项任务：将一份客户名单输入旅行社业务管理软件中，然后打印出来，复印几份，将其中一份传真给客户进行确认。客户确认修改后，利用 WORD 软件，将这份游客名单复制到旅游行程安排电子稿后面，然后通过微信发送给全陪导游，通过 QQ 发送给地接社计调部。

◆ **职场解析**

初入门市岗位时，由于缺乏专业技能和岗位实践经验，我们能胜任的门市工作不多，初期大多做一些基础性的事务工作，如文档打字、表格制作、名单输入等文案工作，使用打印机、传真机、复印机等办公设备，接听记录联系电话，利用微信、QQ 等网络通信软件和 E-mail 联络旅游业相关人士等。

目前，OFFICE 软件和微信、QQ 等即时聊天软件已经广为普及，这里就不一一赘述其操作和使用流程了。

### 一、旅行社业务管理软件的使用

近年来，很多旅行社为了提高效率，采购了专门的旅行社业务管理软件。这些软件虽然由不同的计算机软件公司开发，但基本功能大同小异。通过信息化软件管理，可以实现信息共享，做到外部信息内部化、内部信息一体化、业务流程电脑化、营销体系网络化、财务结算电子化、统计数据一致化；实现四个统一：采购策划统一、销售统一、团控统一、财务结算统一。

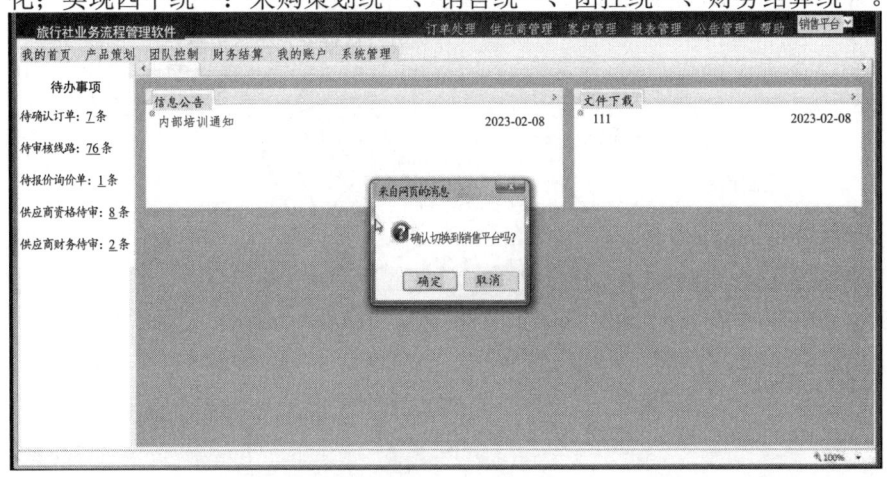

旅行社业务管理软件界面示例

旅行社业务管理软件一般依据旅行社业务经营特点而设计，主要包括线路设计、线路产品发布、销售预订、订单处理、收银核算、批零结算、会员管理等模块。一些针对大型旅行社的业务管理软件还囊括了从旅游业务到酒店预订、机票预订及单项服务，从专业运作到批发、代理分销、再到零售的一整套完整的业务应用模块。

（1）销售预订子系统：包括线路分类查询/快速查询/类似旅游线路对比、产品预订。

（2）产品管理子系统：通过各自产品发布接口传输过来的线路产品补充内容，以便更好地在分销平台上进行销售。

（3）订单处理子系统：对各类订单进行处理、落实、收银通知、配送通知、确认等。

（4）收银核算子系统：主要负责旅游销售收银、团队结算核算、应收应付账款管理、团队成本集中支付处理等。

（5）批零结算子系统：根据旅游线路的结算价格，门市与多家旅游产品提供者之间进行结算，输出批零结算相关报表。

（6）会员管理子系统：包括大客户、游客、同行国内外旅行社等模块，主要对会员的消费记录进行统计分析，并进行积分管理。

（7）订单处理接口：根据游客所参加的旅行社团队，把分销平台中订单处理子系统处理的订单数据对应旅行社业务系统，发送到各自数据库中的订单处理队列中。

## 二、传真机的使用

传真机是非常常见的办公工具。在旅行社日常业务中，传真文件具有合同性质，因而传真机的使用十分重要且普遍。

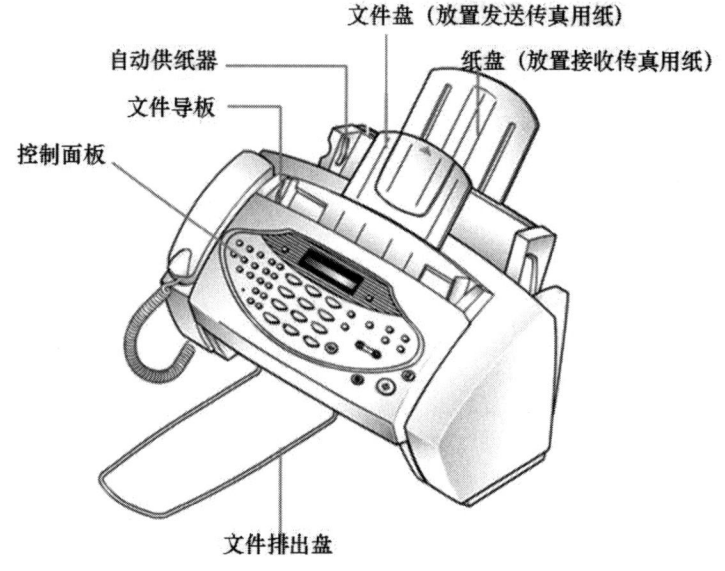

传真机

传真机的使用方法很简单，以下是手动发送传真的操作步骤。

（1）翻动文稿，一来为了检查文稿中有无夹杂曲别针、订书针和其他异物，二来为了防止文稿起静电造成卡纸。

（2）将文稿正面朝下，放入文件盘中。每次放入的文稿不要超过各机型规定的数量。用手调整文件导板的宽度，直至和文稿宽度相符为止。

 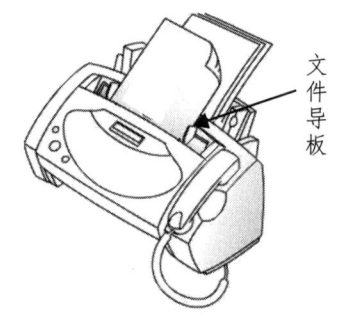

文件导板

（3）文件自动送入器会抓住文稿并将其拉入传真机内。机器探测到文稿后，控制面板的显示屏上会出现"DOCUMENT READY"（文件就绪），说明文稿装入成功。

（4）拿起话筒或用免提功能，在数字键盘上输入远程传真机号码。

（5）听到对方应答时，请对方接收传真。当对方按下"传真/开始"键后，可听到"哔"的一声信号，此时可放下话筒。

（6）按下"传真/开始"键，文稿就会依次进入扫描区，机器会自动将扫描后的信息存在内存中，然后发送至对方传真机上，文稿最后从文件排出盘中出来。

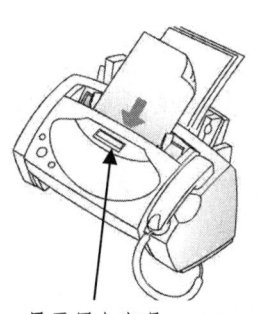 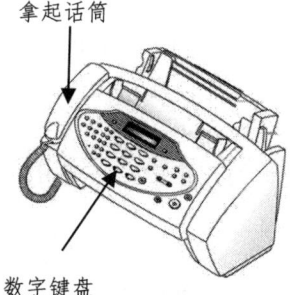 

显示屏上出现
DOCUMENT READY

拿起话筒

数字键盘

传真/开始键

（7）按"重拨"键去电询问对方是否接收到传真文件，核查对方收到文件的份数是否与发送份数一致。

（8）文稿传真即告完毕。

## 三、收发电子邮件（以163网易邮箱为例）

1. 注册电子邮箱

打开网页 http://mail.163.com/，则可以打开免费邮箱用户登录注册页面。点击"注册"。

2. 登录电子邮箱

注册成功后返回 http://mail.163.com/，在邮箱地址一栏中输入注册的邮箱地址，在密码一栏中输入密码，点击"登录"按钮进入邮箱。

3. 发邮件

（1）点击左上角的"写信"。

（2）在弹出的界面中部"收件人"中填写收件人的邮箱地址；如需将邮件同时"抄送"多个收件人，可同时选择多个收件人，把其他收件人的邮箱地址填写在这里即可；邮件的"主题"主要根据内容和性质来填写，比如：××二日游询价，也可以不填。

（3）将邮件内容写在"主题"栏下面的空白处。

（4）写好后点击"发送"，即可将邮件发出。如果需要随邮件一同发送图片或者 WORD 文档，则点击"主题"下方的"添加附件"按钮，选择后，再点击"发送"，将邮件发出。

4. 收邮件

点击电子邮箱左上角的"收信"按钮后可看见别人写给自己的邮件的大概信息，用鼠标单击即可观看完整内容。若邮件中附带有"附件"，一般在正文的下方会显示附件列表，进一步点击每个附件，即可将这些附件下载到本地电脑。

### 职业操练

（1）将班级同学作为游客，利用 OFFICE 软件设计一份游客名单。

（2）在互联网上收集一条旅游线路，连同游客名单一起制作成一份完整的电子《旅游行程单》。

（3）打印这份电子《旅游行程单》，利用学校的复印机，熟悉复印机操作方法。

（4）利用学校的传真机，熟悉传真机的使用方法。

（5）将这份电子《旅游行程单》分别通过微信和 QQ 发送给同学。

# 专业篇

## 接待员

# 单元❸ 迎宾服务

> 迎客是旅行社门市人员接待客人的第一环节,通过礼宾服务,可以给客人宾至如归的感觉。迎宾服务包含问候客人、判别客人入店需求,以及指示引领服务三方面内容。

## 项目8 问候客人

迎宾服务是为进店客人提供服务的开端。礼貌得体、优雅大方的迎宾服务,不仅有助于吸引客人、促成交易,还能树立了良好的企业形象。不当的迎宾服务非但不能起到积极的作用,反而会成为对客人的一种"打扰"和"惊吓"。

❥ 职业场景

> 通过一周的工作和学习,小王对旅行社门市的各工作岗位有了初步了解,本周开始他将正式上岗。迎接他的第一个岗位是迎宾员。上岗前,小王又向师傅和同事请教了迎宾员岗位的工作要求和工作技巧,以及工作中可能遇到的问题。

❥ 职场解析

迎宾服务是门市服务的开始,客人对门市的第一印象产生在此时,对门市整体服务水平的判断也形成于此时。如能提供超越客人期望值的服务,门市经营就成功了一半。

1. 迎宾员

在我国,迎宾员主要出现在各类高级酒店、餐厅、银行、品牌专卖店等服务行业,在大型旅行社的门市旗舰店也会设立该岗位。不管是否设有门市迎宾人员,其迎宾作用是毋庸置疑的。迎宾服务可以较好地发挥礼宾和引导作用，尤其在业务繁忙时和提升服务等级时，它更能使我们的服务锦上添花。

在门市营业大厅比较宽敞的情况下，有必要设立迎宾岗，人数一般为1～2人，可由专职人员担任（适用于业务量大或旅游旺季时），也可由门市接待人员轮流担任，还可以像酒店大堂经理一样由门市负责人不定时担任。

2. 迎宾位置

迎宾位置一般位于门市玻璃大门的侧后方，在某些特定时候，如进行店外旅游产品推荐或者店内客人较为拥挤时，迎宾人员则要在门市之外提供对客引导和咨询推介服务。

3. 迎宾服饰

迎宾人员代表着旅行社的"门面"，在服饰方面一定要规范得体。一般穿统一的制服或正装，脚穿皮鞋；左胸处多佩戴旅行社徽章或身份牌；个人饰品不宜超过两件，不宜华丽夸张。

4. 举止得体

用标准站姿迎接客人，会给人精神饱满、信心十足、积极向上的好印象。双手腹前握指式和双臂侧放式站姿较为常用。

腹前握指式站姿　　　　　双臂侧放式站姿

看见有客人到来时，拉门服务应及时主动，同时问候客人并施以微笑、注目礼，还可以微微欠身，施以致意礼。

5.迎宾语言

"您好"是迎宾人员使用最频繁的服务用语，可以单独使用，也可以与"上午好""欢迎光临""请进""有什么需要帮助""请随意看看""旅游咨询在那边"等其他问候语配合使用，同时规范使用注视礼和微笑礼。服务的音量以客人能听清而又不惊扰其他客人为宜，切忌音量过大，更不要大呼小叫。

◎ 职业操练

以实训室门口为场景，模拟迎宾人员招呼问候客人的过程。

# 项目9 判断需求

并不是每位客人都需要门市迎宾人员提供迎宾服务，我们要善于通过观察客人的神情和举止，来判断客人的入店需求，然后有选择地进行引导服务。

判断客人入店需求

◎ 职业场景

做了一周的迎宾工作，小王发觉迎宾工作尽管非常简单，但对自己来说还有很大挑战，每天需要站立服务四五个小时。而让他百思不得其解的是，他对每位进店客人都笑脸相迎，主动、积极地拉门问候，主动为其介绍线路产品，却没有得到客人的认可和赞许，有不少客人对他不理不睬，甚至敬而远之。小王的师傅赵老师也注意到了这种情况。一天下午，师傅和他一起做起了迎宾服务，并向他传授"瞅客宝典"。

◎ 职场解析

你留给客人的第一印象可以让其判断出你的职业素质；同样，客人给你的第一印象也可以让你判断出他的入店需求，这就是一名成功门市迎宾人员的标准。

我们一般将进店的客人分为停留者、浏览者、咨询者、比价者、欲购者、已购者六种类型。前四种类型的客人在进店前无明确购买动机，第五种客人在进店之前就有明确的购买动机了，第六种客人则是已经产生购买行为的客人。每一类客人表现出的神情和行为特征是不一样的。

## 一、停留者

这类客人进店的目的基本与门市业务无任何关系，多为入店作短时停留而已。他们也许是为了躲避一场突如其来的大雨；也可能大热天在外面等人，进店里享受冷气；还可能是逛街逛累了，进来歇歇脚。这类人进店后会不时地张望店外的情况，看看雨是否停了，要等的人是否来了，一旦雨停了，要等的人来了，休息好了，自然离去。

鉴别这类客人相对比较简单，如避雨者往往是在一阵倾盆大雨后小跑进来的；避暑者一般在店外等候一会儿了，酷热难耐，环视四周，发现门市这个避暑等人的好去处；入店歇脚者一般大包小包的，一脸疲惫……他们入店后往往会避开迎宾人员的目光，直奔产品陈列区或有座椅的洽谈休息区。

尽管这类客人只是过客，但他们可能是曾经的购买者，也可能是潜在的购买者，他们也许不经意间会发现令其心仪的旅游产品。对于这类客人，迎宾人员可以采用听之任之的服务策略，不要让他们感到要被拒之门外。

## 二、浏览者

这类客人进店之初并没有消费意图，由于比较喜欢旅游，在无意中路过本店时，进来随意浏览一下，看看有没有新鲜的旅游产品出炉，看看近期主推的热门旅游目的地，看看旅游价格起伏，看看最新的优惠促销等。

浏览型客人入店前往往会留意店门外的大幅旅游宣传画或各旅游线路的张贴广告，假如店门外的旅游信息足以满足其"求知欲"，他们可能就不会再入店"观望"了；倘若其意犹未尽，则会进店进一步看看。

他们入店后往往会与门市迎宾人员会心一笑，然后径直走向产品陈列区，浏览各种旅游宣传手册。无论在店外"欣赏"，还是在店内"观望"，他们浏览各个旅游产品的速度基本一致，不缓不急，除非有特别引人之处。

这类客人可能是旅游爱好者，甚至是旅游达人，他们有着理智的旅游产品购买意图和周密的出游计划，一般对旅游产品的最新动态比较关注，符合其出游标准（目的地、行程安排、住宿条件等）的旅游产品是其重点浏览的对象。由于出游的打算还不够具体和强烈，所以他们一般不会轻易开口主动咨询客服人员，而是在产品陈列区默默地记住其感兴趣的旅游信息，便于回去后进一步筹划。对于此类客人，应给予他们一定的浏览空间和时间，避免打扰他们，但是需要时刻关注他们，一旦他们表现出对某个产品感兴趣，流露出期待得到咨询服务的意愿时，应及时给予解释和答复。

### 三、咨询者

这类客人已经有了初步的出游意图，只是在出游时间、产品价格、旅游目的地等方面还需要做进一步咨询。他们往往"直奔"门市而来，会驻足在心仪的旅游线路广告前，之后再入店咨询；也可能在迎宾员入店问候后径直到产品陈列区，继续寻找心仪的线路。倘若他们不愿多花时间自己浏览，也会向迎宾人员说出自己的需求，这时迎宾人员就要及时引荐各线路的咨询接待人员给客人们。

对于上班族而言，出游时间大致已定，而旅游目的地未定；对于打算蜜月旅行的情侣而言，可能已经有了心仪的旅游目的地，只是对出游方式（参团还是自由行）举棋不定；对于放暑假的大学生而言，旅游产品的价位是他们出游的底线，目的地、出游形式、交通工具都有待确定；对于退休的夫妇而言，出游时间不成问题，而由价格、旅游目的地、行程安排组合在一起的高性价比旅游产品则是他们最关心的内容。咨询类客人是门市需要花大力气争取的潜在客人。遇到这类客人，迎宾人员要给予密切、及时、细致的关注，适时说明产品特色，或在其对某些旅游要素产生疑问时，及时予以解答，并将其引导至咨询区进行更加详细的咨询确认。

### 四、比价者

这类客人在入店前已经基本确定了出游的时间、目的地，了解了相关线路的行程安排，掌握了其他旅行社的门市报价，其入店的主要目的就是比价，在行程安排和等级标准基本一致的前提下，谁价格低就优先考虑谁。

比价客人一般只关注其欲购旅游产品的宣传资料，聚焦点是价格。门市迎宾人员在向其问候致意后，他们往往会开门见山直接打听某某时间去某某地某日游的价格。另一类比价型客人会比较含蓄，一般采取旁敲侧击式的迂回咨询方式，先咨询其他线路的产品信息，最后再打探其心仪的某条旅游线路的价格。门市迎宾人员要善于从交谈中听出客人的"心理价位"和"他人价位"，观察自己报价后客人的细微面部表情和语气变化。无论自己是否有价格优势，都应留住客人，说服其前往咨询区进一步了解产品优势，如航班时间安排合理、地接社服务口碑好、全程无购物无自费项目等。

### 五、欲购者

这类客人基本上是既成的产品购买者，通过之前的咨询和比价，基本上完成了购买决策过程，确定了购买意图，他们到门市的主要目的就是签订旅游合同，确定出游计划。

这类客人已经不是第一次光临了，他们入店后往往直奔咨询服务区，与咨询人员进一步确定行程细节并签订旅游合同。此外，那些忠诚度极高的客户，一旦有了明确的出游计划，也会直奔门市而来，往往咨询、签合同、付团款一气呵成。这类客人要么数度光临门市，要么是门市的忠实"粉丝"，往往不需要门市迎宾服务，迎宾人员应熟记他们的面孔和相关信息，一旦入店，及时给予宾至如归的问候。

### 六、已购者

这类客人已经签订好旅游合同，再次入店是为了完成后续的相关业务，如支付剩余团款、提交签证材料、开具全额发票、领取出团通知书、出席行前会等，也有可能是游玩结束后前来投诉的。这类客人同样不会流连于门口的旅游产品宣传单，而是直奔相关业务柜台。门市迎宾人员应熟知门市各部门业务分工，及时引领客人前往办理相关业务。

> **职业操练**

选取当地一家知名旅行社门市，在其门口蹲点观察一段时间，对每位入店客人进行类型判别。

# 项目 10　引领服务

客人入店后，门市迎宾人员要根据客人的入店需求，将其引领到不同服务功能区。如何礼貌地提供引领服务，是迎宾人员必须掌握的服务技能。

> **职业场景**

> 每年一度的国庆长假即将到来，这几天店里店外一直都是门庭若市。为了确保咨询、接待、签约工作能有序开展，门市店长要求迎宾人员对每位进店客人做好指示和引领服务，避免造成拥堵或出现服务"盲点"。这对正在迎宾岗位实习的小王来说，又是一项新的挑战。

◉ 职场解析

每到旅游旺季，旅行社门市总是车水马龙。小型门市部一般不会专设迎宾岗来疏导客人，但对于大中型门市而言，有效的指引服务能够极大地提高工作效率，在客流较大时仍能有条不紊地工作。

项目9中我们将不同入店需求的客人分为停留者、浏览者、咨询者、比价者、欲购者、已购者六种类型，由于他们的入店需求各不相同，因此迎宾人员的引领服务也有所区别。

一、服务对象

在六种不同需求的客人中，后四种是主要客人，他们带有较强的目的性，是迎宾人员的重点服务对象。

对于浏览型客人，可任其阅览各类旅游宣传品；对于停留者，只要其不影响服务区域的工作，也可以听之任之，他们的存在一定程度上也提高了门市的人气。

| 序号 | 客人类型 | 引领区域 | 服务技巧 |
| --- | --- | --- | --- |
| 1 | 浏览型 | 旅游产品宣传陈列区 | 店内客人少的时候可以关注他们，一旦他们表现出对某个产品感兴趣，流露出期待得到咨询解答的意愿时，应及时提供服务 |
| 2 | 咨询型 | 不同咨询服务区① | 店内客人不多时，可及时经到负责不同线路的咨询区；若咨询区无法容纳更多客人时，则可安排其在休息区等候，也可由迎宾员直接解答客人咨询的问题或提供意见 |
| 3 | 比价型 | 咨询服务区 | 在店内客人不多的情况下，可及时引领到负责不同线路的咨询区；若咨询区客人较多，迎宾人员可直接提供本门市的产品报价，并说明本旅行社产品的优势所在 |
| 4 | 欲购型 | 咨询服务区或签约区 | 要迅速帮这类客人完成咨询签约服务，若人多、咨询签约区已无法提供更好服务时，应安排其在休息区等候，并提供茶水饮料服务，必要时由迎宾人员协助完成旅游合同的签约服务 |
| 5 | 已购后续型 | 收银区、签证区行前通知会议室 | 了解入店目的后，直接引领至不同服务区 |
| 6 | 已购投诉型 | 投诉会客室 | 了解入店目的后尽快引领至投诉会客室，安抚客人，避免与其他客人接触 |

① 注：对于大型门市，咨询服务区会细分为不同旅游产品的咨询区，如周边线路区、国内区、出境区、自由行区等。

## 二、引领礼仪

引导手势是迎宾服务人员使用最多的手势语言。如请客人进门、就座，为客人指引方位、物品或为他人做介绍等，都要用到手势礼。

手势训练

1. 手势恰当

使用手势礼时一定要采取正确的做法：一是五指并拢，手掌自然伸直，手心向上，而不能仅用手指指点，更不能用单指指点或招呼他人，这样会有教训或傲慢之嫌。二是掌心要向上，手指微曲，这代表了施礼者的虚心、坦诚，有尊重他人之意；掌心向下往往带有强制和命令的意味，不够坦率、缺乏诚意。另外，使用引导手势时一定要面带微笑，言行并举，给客人文雅大方的感觉。

2. 常用的引导手势

（1）横摆式：手臂向外侧横向摆动，手指指向引导的方向，适用于指引不同服务区域方向时。

（2）曲臂式：手臂弯曲，由体侧向体前摆动，手臂高度在胸以下，适用于请客人进门时。

（3）直臂式：手臂向外侧摆动，手肘微伸，向要指的方向伸出前臂，然后回头目视客人，适用于指路及指示产品陈列区。

（4）斜臂式：手臂由上向下斜伸摆动，适用于请客入座时。

3. 礼貌用语

在引领客人时要配合使用礼貌用语。

| 序号 | 场合 | 礼貌用语举例 |
| --- | --- | --- |
| 1 | 客人进门时 | 您好；请进；欢迎光临；请进店看看 |
| 2 | 指示不同服务区域时 | 咨询在这边；签合同在那边；开出行会在楼上 |
| 3 | 领路时 | 请跟我来；请随我走；我带您过去吧 |
| 4 | 示意宣传资料位置时 | 您可以看看我们的这条线路；这些线路都是假期产品；这个产品目前有优惠；您不妨看看这个 |

◆ **职业操练**

将教室布置成拥有不同服务区的门市，同学两两一组，分别扮演迎宾人员和客人，模拟上述六种不同类型客人的入店引领服务。

# 单元❹ 咨询服务

> 在中国古代,"咨"和"询"原是两个词,"咨"是商量,"询"是询问,后来,它们逐渐形成一个复合词,叫咨询。咨询具有询问、谋划、商量、磋商等意思。无论是散客还是自组包团的单位客户,假如他们打算交由旅行社安排落实出游计划,一般会通过现场咨询、电话咨询、信函咨询及网络咨询等方式了解旅游线路和报价,并提出自己的出游需求,货比三家后做出慎重选择。在与客人的沟通过程中,门市咨询人员要能准确把握其出游动机和旅游六要素等内容,并给予针对性的服务。

## 项目11 现场咨询

现场咨询,是指有潜在旅游服务需求的客人亲自前往门市,与门市接待人员就旅游出行的各项要素进行面对面的问询沟通。

### 🍃 职业场景

> 在迎宾岗位实习了两周后,小王渐渐学会了对每位客人"察言观色"。本周,他开始了咨询接待岗位的实习。一天上午,小王正在电脑前熟悉公司的产品线路,这时,一位女士推门进来,小王立刻起身笑脸相迎,礼貌问候之后,请其落座,开始询问她的出游打算。

### 🍃 职场解析

旅游者亲自到门市柜台咨询出游事宜,这非常考验门市接待人员的业务素质。提供面对面服务,不仅需要精通业务,还要有灵活的应变能力,能提供高效的服务，迅速、准确地答疑释惑，并提出合理建议。

门店咨询服务

## 一、咨询客人的类型

1. 目标茫然型

这类客人对于目标没有明确定位，对产品价位和出游时间也没有非常严格的限制。

其比较有代表性的问语有：

（1）最近我想带父母一起出去玩玩儿，哪些地方比较适合我们？

（2）你们旅行社近来有什么热推线路吗？性价比高一点儿的。

（3）这个时候哪个地方景色比较好啊？最好人少一点儿。

（4）我是学生，暑假产品里有哪些适合我的啊？

如果遇到这类客人，门市接待人员要做的就是帮助客人明确出游目标，询问其出游目的地倾向、出游闲暇时间段、旅游预算、出行避讳（哪些地方不去、什么交通工具不乘、住宿标准要求比较高）等问题。在掌握了客人的各出游要素后，再挑选符合其出游意向的线路产品。介绍时要全面细致，同时要尽量客观地告诉客人哪些线路时间比较长，但可以欣赏到其他时间段不能看到的风景；哪些线路正是淡季，游客相对较少，旅游舒适度较好。

2. 目标明确型

这类客人与前一类客人正好相反，他们有非常明确的出游目标，事先已做过"功课"，一般不会轻易改变初衷。他们要么对本旅行社情有独钟，慕名而来，要么是前来比较价格，确定最后的签约旅行社。

他们见到门市接待人员后往往会开门见山：

（1）我是来报名参加你们……线路的，人还没报满吧？

（2）我在网上看到你们有个特惠线路……我想报名。

（3）去海南双飞自由行五星酒店，你们的报价是多少啊？

（4）你们海报上的这条线路如何，给我介绍一下。

对待这类客人，门市接待人员要有的放矢地介绍相关线路的旅游六要素，尤其突出特色和与众不同之处。对于比价的客人，则更要突出介绍产品优势。

3. 目标初定型

这类客人有一定的出游目标，但目标较笼统且不确定，或只确定了某一出游要素（时间、价位、目的地、同行人员等），如果有新的更好的线路，则极有可能更改初衷。

其比较有代表性的问语有：

（1）这个月底我有个年休假想用掉，我想一个人自由行，你们近期有什么自由行产品？

（2）我没去过欧洲，听说法国不错，你们有哪些去法国的欧洲游线路？

（3）我们一家人打算暑假出国游，2万元够吗？

（4）我们几个同学想一起去海边聚聚，但我们只有双休日有空，你们有什么线路适合我们的吗？

对待这类客人，门市接待人员需要在客人给定的出游要素范围内给予有针对性地回答和推介，要把范围内各产品的区别之处告诉客人，让其自行选择。假如范围太大，可进一步询问客人的其他限定条件，以缩小推介范围。

掌握语言交流技巧

## 二、客人咨询问题类型

1. 关于目的地

（1）青岛和厦门哪个地方适合我啊？

（2）丽江热吗？去玉龙雪山要准备什么衣服？

（3）带我爸妈去香港自由行，哪些景点比较适合我们？

2. 关于价格及优惠

（1）这个价格太贵了吧，能打折吗？

（2）如果我有5个朋友一起报名参加这条线路，有什么优惠？

（3）假如安排五星级酒店，要加多少钱？

（4）坐动车和飞机去厦门玩，哪个性价比高点儿？

3. 关于行程安排

（1）这条线路的行程是怎么安排的啊？

（2）有没有自由活动的时间？

（3）一共有几顿饭需要我们自理啊？

（4）农家乐里有空调吗？

（5）索道费用包含在团费里吗？

（6）我们在巴黎老佛爷附近能自由活动多长时间呢？

（7）在黄山山上过夜吗？

4. 关于单项服务

（1）我要订张 4 月 28 号去广州的机票，最好能晚饭前到，有哪些航班可以挑选？

（2）是不是我把身份证号码发给你，你就能帮我订高铁火车票？

（3）在西湖旁有什么快捷商务酒店？帮我订 1 号和 2 号两晚的住宿。

5. 关于结算要求

（1）能刷卡吗？

（2）我今天先付定金，可以吧？

（3）你把你们门市的账号给我，我回去让财务转账给你，可以吗？

（4）等明天签合同时我把支票一起交来，可以吧？

### 三、服务人员问语类型

1. 关于目的地

（1）您想去什么地方玩呢，远点的还是近点的？

（2）请问，您想去海边还是有山的地方？其实带孩子，去海边最适合。

（3）去西藏会有高原反应，您的身体能适应吗？

2. 关于价位

（1）去东南亚海岛游差不多是 4000～5000 元这个价位，您考虑看看。

（2）我们还有纯玩团，就是价格稍微贵点，您看可以吗？

3. 关于出游动机

（1）请问，你们是想去度蜜月吗？我们有专门的蜜月游产品。

（2）这个季节去海南岛度假最适宜了，您考虑吗？

（3）这次去香港主要是购物吗？假如是的话，您就订自由行产品吧。

4. 关于同行人数

（1）请问，你们一共几位出行呢？

（2）这次济州岛邮轮 4 日游，我们旅行社包船，你们难道不带孩子一起吗？现在同舱第 3 人免船费啊。

5. 提供变更意见

（1）如果您对这条线路不满意，看下我们另一条线路。

（2）你们反正是独立包团的，这个行程可以作细微调整，您有什么意见可以和我们说。

（3）不如去内蒙古吧，这个季节那里还没转冷，一片秋色，很美的。

### 四、现场咨询服务流程

来门市现场咨询的客人，通常可用以下六个步骤来接待。

1. 起身邀坐

当客人走到咨询台前两三米时，没有接待咨询任务的门市接待人员应主动起身，首先用眼神来表达关注和欢迎，同时热情问候："您好，您请坐！"并合理运用手势语言。

2. 询问需求

客人落座后，条件允许的话及时提供茶水服务。首先询问客人的旅游意向，明确出游目标，可及时出示相关产品；出游目标不明的，则要进一步询问其具体出游要素，如去过哪些地方、有几天假期、同行几人、希望乘坐什么交通工具，以及此次旅游预算是多少等。

3. 出示产品

当了解了客人的出游意向后，门市接待人员可以立即出示宣传资料，介绍相关旅游线路，使客人初步了解线路名称、时间、出行日期和价格。如果客人将注意力集中在某条线路时，门市接待人员应简明扼要地介绍该旅游产品的亮点。介绍线路时要直接、快速切入正题："请允许我来介绍一下……"

4. 产品推介

门市服务人员可就某条具体线路产品向旅游咨询者进行重点、详细的推荐和介绍，及时帮助客人了解产品特色和卖点。或者根据咨询者的需求，为其设计和组合旅游产品，从而促成其购买行为。

5. 提供建议

客人对推介的旅游产品没有异议时，门市接待人员可以直接建议客人当场购买；当客人不满足于推介的旅游产品时，接待人员可以罗列其他相关产品，作进一步推介；当客人表示有待考虑时，门市接待人员仍需表示感谢，同时希望客人带走门市的联系名片，或留下联系方式。

6. 告别客人

"出迎三步，身送七步"，要以将再次见面的心情恭送客人走出门市。送客时要等客人起身后再站起来相送，送客时要说"请您慢走""欢迎下次光临""我们确认好后会再次联系您""那我们明天签合同时再见啦"等礼貌用语。如果客人带有较多或较重的物品时，送别时应主动帮忙提重物。与客人在门口、汽车旁告别时，要目送客人上车或离开，待客人走出视线后再返回门店。

### 职业操练

（1）同学两两一组，分别扮演门市咨询人员和客人，设计与不同类型客人的咨询对话。

（2）模拟演示上述咨询对话过程。

# 项目 12 电话咨询

电话咨询,就是指有潜在旅游服务需求的客人打电话至门市,在电话中咨询旅游方面各项要素的过程。

### 职业场景

在咨询接待岗位实习了两周后,小王渐渐学会了对每位客人"察言观色"。本周他开始了电话咨询岗位的实习。一天上午,小王正在电脑前熟悉公司的产品线路,总结实习心得,这时,清脆的电话铃声响起,小王略微紧张地接起电话……

### 职场解析

#### 一、电话咨询服务流程

在提供电话咨询服务时,门市接待人员不仅要语言文明、音调适中,更要让对方感受到热情、真诚。

门市工作人员提供电话咨询服务通常有以下五个步骤。

1. 通话准备

准备记录本、记录用笔、计算器、客户资料等;定期检查电话线路,无绳电话及话筒摆放到位,理顺话筒连线。

2. 及时问候

电话铃响三声内用左手拿起电话听筒(便于用右手做记录),并报出旅行社名称或部门名称。例如:"您好!这里是××旅行社门市部,请问有什么能帮到您?"

3. 了解需求

当得知客人有出游打算时,要确认客人的姓名、旅游方向、时间、人数、是否有孩子随行、价格定位、随团游还是自由行等信息,以便向客人推介合适的旅游产品。

4. 登记信息

将客人的问题和要求详细记录下来,包括来电时间、来电者、通话内容等,以便提供后续服务。

5. 结束通话

通话结束时，要向对方来电表示感谢，表达期待其到门市现场进一步咨询或签约的期望。要等对方挂断电话后方可放下电话。

## 二、电话咨询服务后续工作

1. 服务跟进

通话结束后，门市接待人员还要做后续工作：根据通话内容，判断客人是否做出了出游决定，要么推介产品，要么制定个性化的行程安排，回电给客人，或者约见客人上门详谈具体细节。对于 VIP 客户或单位等大单客户，则要安排专人提供上门推介和签约服务。

2. 记录整理

门市设专职电话接待人员定期整理来电咨询信息，按照出游目的地、时间、预算、同行人数等要素分类汇总，以便分析旅游市场趋势、动态。

## 三、电话咨询服务技巧

1. 赞美客人的出游设想

接到旅游咨询电话后，首先要赞美客人的出游设想，让客人觉得自己的选择是正确、明智的，强化其出游意愿，巩固其购买决心。

2. 留下客人的联系方式

想方设法让客人留下联系方式，即使在电话咨询中没有取得推介效果，但至少掌握了客人的出游信息，日后旅行社如有相关产品，就可以有的放矢主动联系客人，进行针对性推介，提高促销成功率。

3. 邀请客人之后再面谈

电话咨询毕竟不如现场咨询效果好，现场咨询能与客人面对面，察言观色，可以比较准确地把握客人意图。邀请客人到店或登门面谈细节，会比较容易达到推介促销的目的。

4. 打消客人的种种顾虑

电话咨询时无法察言观色，电话接待人员要做到听音辨意，对客人的语调、停顿，要能辨析出其中的顾虑和疑惑，及时将产品的特色和与众不同之处一一列举出来，使客人感受产品的长处多于短处，从而坚定购买的决心。

### 职业操练

（1）同学两两一组，分别扮演门市电话接待人员和来电咨询的客人，设计一段两者之间的对话。

（2）模拟演示上述咨询对话的过程。

# 项目 13 信函咨询

信函咨询，就是指有潜在旅游服务需求的客人通过 E-mail、传真、信件等途径向门市接待人员咨询旅游方面各项要素的过程。

### 职业场景

> 小王在咨询接待岗位实习了一个月，每天都要接到很多咨询旅游线路的电话，渐渐有些心得了。今天，电话又响了，对方是一家公司，打算前往黄山召开年度优质客户答谢会，公司的初步方案已经拟好，想向小王所在的旅行社咨询相关服务的接待费用报价，以便制订整个会务活动的预算。小王告知客服邮箱后，接到该客户发来的邮件。他了解到，该公司的组织方案主要涉及黄山五星级酒店 30 个标准间 2 晚的报价、1 辆 53 座大金龙客车 3 天的包车价、酒店 60 人会议室 2 个半天的租借费用和 2 个半天黄山周边景点的游览费用共四个方面的报价。接到任务后，小王立刻着手工作。经过 1 小时的细心核算，他草拟了一份详细的各项目报价单，通过 E-mail 发送给了客户。

### 职场解析

#### 一、信函咨询服务流程

1. 查收信函

旅行社门市一般会安排专人定时查收门市客服邮箱内的邮件。

2. 阅读信函

客服邮箱查收专员在收到客人邮件后，首先要筛查邮件，不属于门市咨询方面的邮件，要及时转交相关部门；对于咨询邮件，则要仔细阅读信函内容，分析咨询内容中涉及的旅游要素。

在大中型旅行社，线路产品划分比较细，客服邮箱查收专员要根据信函内容，交由不同线路产品的负责部门来处理；对于小型旅行社，客服邮箱查收专员往往身兼数职，阅读和处理信函多为同一人。

3. 处理信函

咨询信函涉及的旅游要素，有些仅凭门市接待人员的工作经验就能直接答复，有些则要进一步联络计调人员、外联人员或地接社，才能获得咨询结果。在得到咨询结果后，信函处理人员要进行汇总和整理，撰写成规范的文书。文书应使用旅行社标准的公文信函格式，信函上页眉有旅行社名称抬头，下页脚有门市地址、联系电话等信息，中间是信函正文。

4. 回复信函

撰写完答复信函，即可回信。回信主题应明确简洁、一目了然。信函正文多以 WORD 文件形式作为附件发送，并通过邮箱的设置，要求收件人发送已读回执。

## 二、信函的内容结构

信函正文主要由称呼、启词、正文、应酬语、祝颂词、署名、日期等七部分组成。

1. 称呼

称呼是对咨询单位的尊称，一般用"敬语+称谓"的形式组成，如"尊敬的王总经理""亲爱的刘主任""尊敬的董事长先生阁下"等。对某些特殊的内容或与境外华文地区的人员往来时还可加上"提称"，如"尊敬的王博士总经理海成先生台鉴""亲爱的秘书明玉小姐雅鉴"等。称呼要顶格写，后面加冒号。

2. 启词

启词是信文的起首语，可有多种表示法。门市咨询函多采用承前式启词，如"您好，昨天贵单位发来咨询信函，现答复如下""贵公司×月×日赐函已悉"等。咨询回复信函的启词还可用"兹悉、兹经、兹为""顷闻、顷悉、顷获""欣闻、欣悉"，以及"据联系、据沟通、据核算"等一系列公文用语，以提领全文。启词的格式是在称呼下面另起一行，前空两格。

3. 正文

正文是信函的主体，主要是对咨询内容进行答复。答复要清楚、明了、简洁，必要时可以提出行程安排的合理化建议。正文多为表格式，这样对于旅游多要素的答复更有条理性，便于对方查阅。撰写正文内容时要注意把握分寸，不可有轻慢之意。正文的格式是在启词下面另起一行，前空两格。

4. 应酬语

正文结束后，可写几句应酬性的话作为全文的过渡。如"我方相信，经过此次合作，双方的友谊将有进一步发展""再次表示衷心的感谢"等。也有用公务书信的常用结语过渡的，如"特此函达、特此说明、特此答复、特此函复"，或"肃此专呈、肃此奉达"，也有"特此鸣谢、敬请谅解、尚祈垂察、务请函复、敬希见谅"，以及"承蒙惠允、承蒙协办、承蒙惠示、不胜荣幸、不胜感激"等。

5. 祝颂词

书信的最后是写祝颂词。祝颂词的写法多种多样，如"诚祝生意兴隆""特此函达，即希函复""此致敬礼""敬祝健康"等。祝语一般分两行书写，"此致""敬祝"可紧随正文，也可和正文空开。"敬礼""健康"则转行顶格书写。

> 尊敬的王总经理：
>
> 　　您好！昨天贵单位发来咨询信函，首先感谢您对我们旅行社的信任，现将黄山三日会议奖励旅游信息发给您。
> 　　……
> 　　我方相信，经过此次合作，双方的友谊将更上一层楼。
> 　　承蒙惠示、不胜感激！
> 　　此致
> 敬礼！
>
> 　　　　　　　　　　　　　　　　　　××旅行社敬上
> 　　　　　　　　　　　　　　　　　　2023年1月1日

6. 署名

书信的署名以写信人的全名为要，不能只签姓氏或习惯称呼，如"老王、小王、小李、张主任、赵经理"等，而要完整地写成"××部主任张金水""××公司经理王富成"或者"××部业务员刘震"等，并附上电话、传真等其他直接联系方式。格式方面，通常在结尾后另起一行（或空一两行）的偏右下方位置。以单位名义发出的商业信函，署名时可写单位名称或单位内具体部门名称，也可同时署写信人的姓名。

7. 日期

署名下面要署上日期，日期必须准确，以体现门市工作的严谨，万一写错日期，一旦出现纠纷，将会埋下隐患。日期一般写在署名下一行或同一行偏右的位置。

### 职业操练

根据"职业场景"中的内容，草拟咨询回复信函，并通过 E-mail 在同学间互发和互评。

# 项目14 网络咨询

网络咨询,就是指有潜在旅游服务需求的客人通过旅行社在线咨询平台、即时通信软件、专业论坛、博客等媒介,向旅行社门市实时咨询或留言咨询旅游各方面问题的过程。

### 🍃 职业场景

> 从今天起,小王又多了一项工作内容——在线咨询。店长分配给小王一个在线咨询QQ账号,让他在接待入店客人咨询工作间隙,同时处理一些网上客人的咨询问题。QQ是小王平时主要使用的网上聊天工具,但用它工作还是头一回。他了解到,在与网上客人进行沟通时,不能像和朋友聊天那样随意,而是需要一定的专业技巧。

### 🍃 职场解析

基于网络的旅游信息咨询服务既是对旅行社传统门市咨询的继承和补充,又是对其业务的延伸和拓展。

#### 一、网络咨询形式

目前,许多大中型旅行社都有自己的门户网站,网站页面设计有旅游线路查询、在线客服、QQ在线、关注微信、客户留言、FAQ等网络咨询版块或窗口。一些小型旅行社也会通过专业旅游网上销售平台,如淘宝旅行、欣欣旅游、旅交汇等,开展对客咨询、预订、销售等网上门市服务。

1. 即时通信软件在线客服

即时通信软件在线客服,是指在设计旅行社网站时,嵌入即时通信软件的客服插件代码,在网页一侧显示多位客服链接窗口,当访客点击窗口时,访客端电脑就会自动登录QQ,并打开与相应QQ客服即时聊天的窗口。

微信和QQ是目前国内用户最多的即时通信软件,每天同时在线保持过亿人次,许多旅行社的在线客服咨询服务都选择QQ和微信,是辅助网站销售不可缺少的工具。

微信提供公众平台、朋友圈、消息推送等服务,用户可以通过手机、平板、网页快速发送语音、视频、图片和文字,具有零资费、跨平台、拍照发好友、发手机图片、移动即时通信等功能。截至2022年第三季度,其月活跃账户数达到 11.51 亿，是亚洲地区最大的用户群体移动即时通信软件，在全球也排名第三。许多旅行社有自己的微信公众号，在旅行社网站上设计了二维码供客人扫描关注。关注旅行社微信的客户，可以方便获取第一手旅游资讯，包括旅游攻略、新景点介绍、产品优惠等简洁信息，要想进一步了解信息，可向"微客服"提交问题，即时获取常规信息，互动性和娱乐性更强。

2. 网站在线客服

网站在线客服，又称网上前台，是网页版即时通信工具的统称。相较其他即时通信软件（如 QQ、微信等），网站在线客服能实现和网站的无缝结合，为网站提供与访客对话的平台。访客无须安装任何软件或插件，只需轻轻一点，就能和客服人员进行即时交流，大大降低了客户的沟通门槛，提高了门市服务的针对性和有效性。此外，这个平台可以收集访客来访时间和地理位置信息，旅行社可以根据这些数据调整网络销售人力安排、销售区域策略等，为进行市场决策提供了有力的依据。

网站在线客服拥有许多不可比拟的优点：

（1）不要求客户安装即时聊天软件，客户可以在浏览网站的时候随时与客服对话。

（2）无限座席功能，可以登录多个客服。

（3）主动发起功能，主动邀请客户，由原来的被动变主动。

（4）咨询量分析功能可实时查看当前网站访问的客户是通过搜索什么关键词过来的，看了哪个页面，已经停留了多长时间等。

（5）自定义 LOGO、旗帜广告等，都是宣传公司的方式。

（6）预置常用促销语功能，可自定义随时修改，方便交流。

（7）消息预知功能，访客还在打字时，在线客服软件就可以预先显示，这样方便客服回答访客问题。

（8）快捷回复功能，可以在客服系统里预先设置常用回答，当访客提出相同问题时，只要点击预先设置好的回答就可以，这样省去了大量打字的时间，可提高回复的速度和准确率。

3. 留言咨询服务

旅行社建设网站时，在网页中会设置专门的模块链接，预留供用户交流信息的页面或窗口，访客需要留言咨询的，会留下姓名、联系电话、邮箱、留言内容、反馈方式等。这种网络咨询形式的优点是可以节约大量的网络客服人力，但其缺乏时效性，容易造成客户流失。及时回复用户留言是关键。

4. FAQ 服务

FAQ 是英文 Frequently Asked Questions 的缩写，中文意思就是"经常问到的问题"，更通俗一些说，就是"常见问题解答"。旅行社网站的 FAQ 版块中列出了网络客服人员常被问及的问题和答案，可在线帮助客服及时回复用户问题。一个好的 FAQ 系统，应该至少可以回答用户 80% 的一般问题及常见问题。这样不仅方便了用户，也大大减轻了客服人员的压力，节省了大量的服务成本，同时又提升了客人满意度。

为保证 FAQ 的有效性，要做到以下几点：

（1）要经常更新问题，特别是用户提出的一些热点问题。

（2）问题要短小精悍。对于提问频率高的常见简单问题，不宜用很长的文本文件，这样会浪费用户在线时间。一些重要问题，应在保证精准的前提下尽可能简短。为方便用户使用，FAQ 应提供搜索功能，用户通过输入关键字可以直接找到有关问题；问题较多时，可以采用分类目录式的结构，但分类层次不能太多，最好不超过三层。

（3）将用户最常提问的问题放到前面，将其他问题按一定规律排列。常用方法是按字典顺序排列。

（4）对于一些复杂问题，可以在问题之间设计链接，便于找到相关问题的答案。

青海祁连山

## 二、网络咨询服务规范

由于网络咨询服务成本低、效率高，且能实现客服与用户间的即时互动，因而逐渐成为门市服务人员的主要咨询服务方式。

提供网络咨询服务时，同样需要遵守一定的服务规范。

（1）上班后第一时间打开电脑，整理好办公桌和日常工作用品（笔、记录本等）并放置于案头。

（2）第一时间登录在线客服系统，保持在线客服处于联机状态。

（3）首先查看在线客服系统离线留言、网站留言及公司邮件，及时回复。若有售后问题或用户意见建议，应及时转交给相关负责人处理。工作过程中也应随时检查留言和邮件。

（4）工作中电脑突然死机或停电、掉线，上线后应立刻登录，查看留言，一一回复并对突发情况造成的不便向用户解释并致歉。

（5）有用户发起对话后，第一时间内问候对方："您好，我是在线客服，很高兴为您服务！"对待用户态度要谦和、热情有礼。用户态度不好时，必须保持耐心。

（6）用户提出问题后要及时回复，尽量做到在1分钟内回复。若因线路繁忙或暂时离开而无法回复时，必须开启自动回复功能。

（7）用户提出问题需要花时间确认或查询时，要先向用户说明并表示歉意，让用户稍等。

（8）回复用户问题时，不得给用户模糊的解释。杜绝使用"不知道""不清楚"等话术回复用户的问题。

（9）若对用户提出的问题不明白或不能确认时，不能随便问答。可请相关负责人处理，不得置之不理。如果相关人员不在而自己又无法处理时，要详细记录在案并及时通知相关人员。

（10）若不能直接回答问题，应委婉回复。

（11）同时在线咨询的用户较多时，应一一为在线用户回复问题，未及时回复的要向用户表示歉意并请用户稍候。堆积问题太多会影响服务质量。

（12）与用户交流时要注意用词文明，多使用礼貌用语，如"您好""对不起""非常抱歉""不好意思"等。

（13）工作时间严禁利用在线客服系统做任何与工作无关的事（如与非用户聊天等）。

（14）对话结束后，应将用户咨询内容记录下来，以便汇总和查询。

（15）按期填报《在线客服受理记录表》，交营销部。

（16）平时需要熟悉旅行社产品、旅行社网站各版块、门市各业务流程，并不断提高文字输入速度，保证打字速度至少在80字/分钟以上。

### 职业操练

（1）浏览各大旅行社网站，看看其在网络咨询服务方面设置了哪些具体版块或窗口，截图后在班级中进行演示。

（2）同学两两一组，分别扮演旅行社网络客服和咨询用户，利用QQ即时聊天软件，模拟一段咨询服务过程。

# 单元❺ 产品推介

> 旅游产品推介是旅行社门市服务人员向旅游咨询者推荐介绍相关旅游产品的过程。通过推介，能够及时帮助旅游咨询者了解产品特色和卖点，或者根据咨询者需求，为其设计和组合旅游产品，从而促成其购买行为。

### 知识准备

#### 一、旅行社产品概念

旅行社产品是旅行社根据市场需求为旅游者提供的各类产品和服务的总称。它以固化形态的产品包形式，将旅行社能提供的各项服务和承诺融于其中。在旅行社的各类产品中，旅游线路产品是基础产品和最主要产品，因而我们常常将旅行社产品称为旅游线路。

旅行社产品对旅游业的发展和创新起着至关重要的作用。假如没有旅行社产品，旅游者要自己购票坐车，自己找饭店，自己买门票，自己和众多旅游供应商交易，自己来应对旅行过程中的种种风险和意外。这些琐碎的事情和对旅游目的地的陌生会使旅游者很难获得满意的旅游体验。

旅行社作为旅游供应商和旅游者双方的委托人和代办者，一方面可以解决旅游者在旅游中的后顾之忧，另一方面通过团购可以拿到比旅游者自行购买要便宜很多的产品，这样一来，旅游者只要缴纳一定费用，即可享受专业的旅游服务，省时、省心、省事。

旅行社产品是食、住、行、游、购、娱等诸多因素的有机组合体。旅行社根据市场变化和旅游者需求开发设计的旅行社产品，可以使旅游者享受更多、更便捷的服务，旅游者的出游也有了更多选择。

旅行社产品是一种特殊的产品，它不像汽车、生活用品等以实物形态表现出来的具体的单项产品，而是综合了多种有形实物和无形服务的组合产品，同时还具有易变性、生产消费同时性、综合性、不可转移性和脆弱性等特点。

## 二、旅行社产品构成

旅行社产品由食、住、行、游、购、娱旅游六要素及旅游保险、签证、导游服务等其他产品要素组成。

1. 食

食,是旅游六要素之一。在推介旅行社产品时,应说明用餐标准与数量,如含几正餐几早餐,几人一桌,几菜几汤几点心。若以旅游目的地的特色饮食为主推产品,则应突出介绍行程安排中的地方特色餐厅和菜点。作为常规的跟团游,一般安排统一就餐,但有些产品不安排就餐,如目前流行的"自由行"产品。在推介这类不安排就餐的产品时,可以说明旅游目的地的服务设施比较完备,游客自行就餐比较方便,并适时介绍一下当地的美食,以消除旅游者的顾虑。

广式面点——佛手酥

2. 住

旅游行程中休息时间占 1/3,是旅行社产品的重要内容。除单项旅行社产品,在各类旅行社产品中,住宿安排基本上是不可缺少的。门市服务人员在进行产品推介时,应说明酒店的名称、档次,若为星级酒店,应说明星级和房间类型;若为农家乐等住宿产品,则要说明服务内容,如几人间,有无空调、彩电、独立卫生设施等;对于度假型旅行社产品,应重点突出住宿安排上的优势,如五星级、海景房、豪华套间、免费升级、酒店提供免费健身服务、酒店独有海滩、拥有温泉等。

酒店客房一角

3. 行

现代旅游业的蓬勃发展很大程度上有赖于现代交通工具的便捷与普及。交通安排是旅行社产品的重要组成部分，也是制约行程远近、费用高低等的关键因素。旅行社产品报价中旅游交通的费占比很大，尤其是远距离出境游，交通费用的占比往往达 1/2 强。旅游交通主要包含三部分内容，一是从旅游出发地到目的地，以及旅游目的地之间游客转移的"大交通"，往往以飞机、火车、轮船、长途汽车为主，具体选择哪种交通工具，要视产品市场定位和游客需求而定；二是在旅游目的地内游客转移的"小交通"，多以汽车为主；三是在旅游景区内搭乘的环保电瓶车、缆车、小火车、游船（艇）、马匹畜力等交通工具。在推介产品时应说明交通工具的名称、机场（火车站、码头）位置、起降时间、舱位等级、儿童收费情况、有无空调、景区内交通工具是否自费等。若为自驾游产品，则应标明行程路线；自由行项目要标明是否含酒店至机场（车站）接送服务。

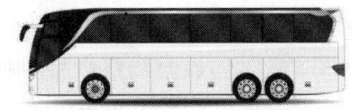  

交通工具

4. 游

除会展等商务旅游产品外，旅游者的游览、观光、体验、休闲是其最主要的出行动机。我国各地旅游资源丰富，在策划产品时，会根据产品的市场定位和游客的需求，有选择地挑选代表性的旅游资源。因此在推介产品时应说明景点名称、游览所需时间、门票是否自理等，必要时作适当描述。对于观光型产品，更应着力推介景区特色和知名景点。

5. 购

旅游购物对于丰富旅游活动、满足游客需求、增加旅游收入有着十分重要的作用。根据 2013 年 10 月颁布的《中华人民共和国旅游法》：旅行社组织、接待旅游者，不得指定具体购物场所，不得安排另行付费旅游项目，经双方协商一致或者旅游者要求，且不影响其他旅游者行程安排的除外。因此，对于旅行社组织的旅游购物点购物项目，今后将不会出现在旅游行程安排中。但是旅游购物仍是旅游者出游的重要目的之一，旅游伴手礼既有地域特有的文化印记，又承载着对亲朋好友的热情。因此，旅行社门市接待人员在推荐旅游线路产品时，对目的地的各种风物特产也要了然于胸，熟知其品名、类别、价格、特色、功效和与众不同之处。

6. 险

旅游保险通常有两种：一种是旅行社责任险，一种是旅游意外伤害险。根据文化和旅游部的相关规定，正规的旅行社必须投保旅行社责任险，游客一旦参加旅行社组织的旅游活动，就可享有该项保险的权益。对于旅游意外险，旅行社只是向游客推荐，并不强制购买。因此在推介旅行社产品时，门市服务人员还要提醒游客自行购买旅游意外险。最常见的旅游人身意外伤害保险，保险期限多为几天，所以价格比较低廉，1 元保险费就可对应高达 1 万元的保额。这两年，旅游保险创新品种较多，如包含了攀岩、跳伞等高风险活动的保险，以及对飞机延误，行李、护照、财物等被盗的理赔保障等。

7. 签

对于出境游产品，旅行社还要为旅游者代办签证或通行证、入台证等。在推荐出境游产品或签证单项服务产品时，门市服务人员应明确告知旅游者办理所需材料［签证申请表、彩色护照照片、护照原件（有效期至少半年，并有空白页）、户口簿、个人经济担保、身份证、单位证明等］，以及递交材料的时限。

8. 导

导游服务一般不是门市人员推介产品的重点，但对于那些不派领队和全陪导游，由地陪导游直接在旅游目的地接机（车、船）的旅游线路产品，则要事先向旅游者说明情况。此外，对于出境游产品，支付给导游和司机的小费一般不包括在团费里面，具体金额要事先向游客说明。

## 三、旅行社产品类型

旅行社产品类型有多种划分标准。按照旅游目的地，可分为周边游、国内游、出境游产品；按照产品档次，可分为豪华游、标准游和经济游产品；按照旅游者的出游动机，可分为观光型、度假型、商务型和其他专项产品；按照组团方式，可分为散客拼团型和自组包团型产品。

1. 周边游、国内游、出境游产品

周边游产品的旅游目的地一般在周边 600 千米以内的区域内，旅游交通工具多为大巴，旅游费用一般在 1500 元以内，游览时间在 1～3 天。但也有度假型的周边游产品，在时间和费用上都可能突破上述标准。

国内游产品，顾名思义是指以国内各省市为旅游目的地的旅行社产品，又可分为中线产品和长线产品。旅游交通工具基本为火车和飞机，旅游费用一般在 5000 元以内，游览时间在 2～5 天，西藏游、新疆游等长线产品，以及度假型产品的费用和游览时间都会有所增加。

出境游产品的旅游交通工具多为飞机或邮轮，游览时间一般在 4 天以上，旅游费用基本在 4000 元以上。根据旅游者的出游天数和消费标准，门市服务人员基本可以把握可推介的产品类型。

2. 豪华游、标准游和经济游产品

不同档次的产品是由旅游者的消费水平决定的。

豪华游多为度假游和出境游产品，旅游费用较高，一般安排四五星级酒店或邮轮，旅游交通工具多为飞机往返。

标准游产品多为国内常规观光游览线路，旅游费用适中，住房多安排二三星酒店，用餐多为标准团餐，交通工具多为单飞或双卧，甚至是旅游大巴。

经济游产品相对其他两类产品价格更低廉，住宿多为二星以下酒店或旅社，一般为汽车和火车硬座旅游。考虑到目前旅游者消费水平普遍提高，此类产品在国内大中城市旅游市场中已不多见。

3. 观光型、度假型、商务型和其他专项产品

观光型产品是将旅游目的地的自然、人文旅游资源作为主要行程安排，组织旅游者进行游览。此类产品一般具有资源知名度高、可进入性大、服务设施多等条件，长期以来一直是国内游和出境游产品的主流，深受广大旅游者的青睐。其优点是旅游者可在较短时间内领略到旅游目的地的主要特色，但由于参与体验类项目少、时间紧凑，往往是走马观花，旅游体验度和满意度都不高。观光型产品通常以组团旅游消费为主要形式。

选择度假型产品的旅游者往往希望从喧闹的城市环境和紧张的工作生活节奏中解脱出来，前往环境优美、安静舒适的度假地短期居住，并进行娱乐、休闲、健身、疗养等消遣活动。度假型产品主要依托海滨、森林、湖畔、草原、温泉、滑雪、乡村等资源，拥有较舒适的住宿条件和环境。行程安排宽松，可以是一两天的周末双休游，也可以是长达半月的休假游；从距离上看，可以是短途的近郊游，也可以是跨洋的海岛游；从产品价格上看，可以

是千元之内的经济农家乐,也可以是高达几万元的奢华游。度假型产品以家庭和小团体消费为主,或举家出游,或好友同行,故不少自由行产品多为度假型产品,且产品报价较高,一般高于相同游览时间的跟团游产品。

商务型产品主要面向企事业单位、协会、各类组织、政府机关等,产品及服务内容主要包括安排目的地机票、租车、酒店、会议、翻译、参展等商务活动,而组织旅游活动只是辅助。商务型产品往往涉及公司单位客户,且费用金额较大,一般由旅行社的专业部门负责实施,门市服务人员只负责散客的单订机票、住宿、租车等事宜。门市服务人员接待此类大客户时,应及时将业务移交给专业部门。

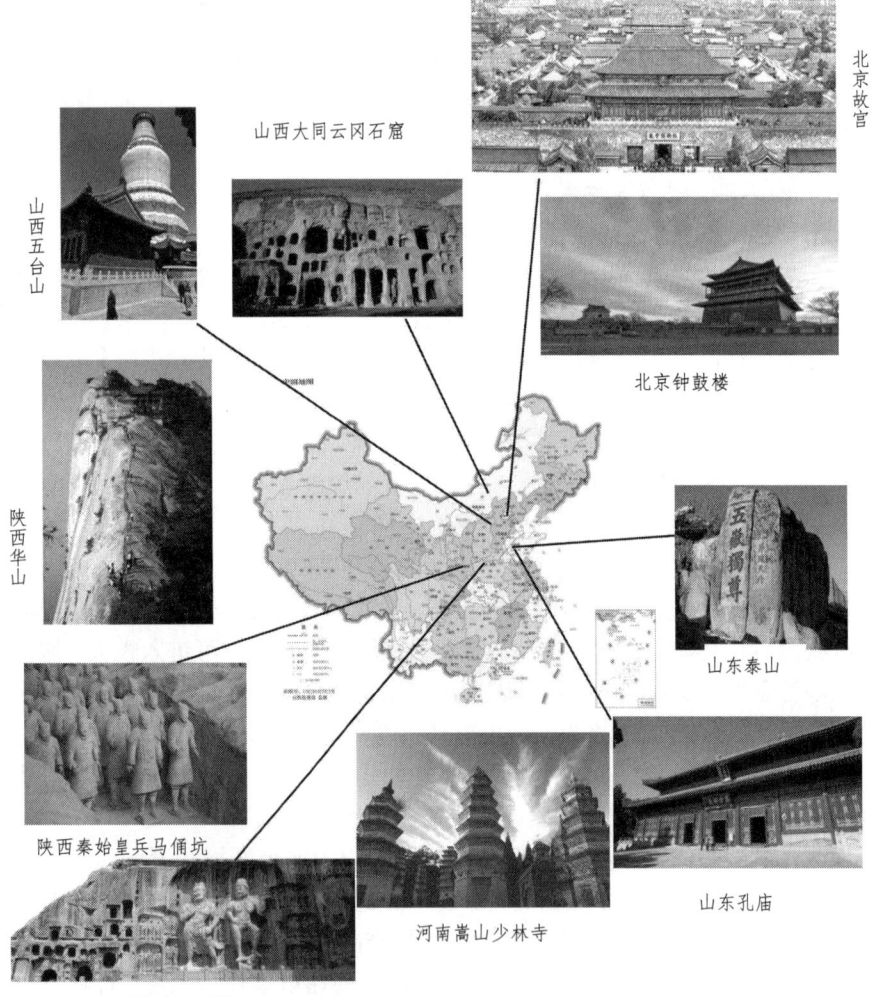

中原古文化旅游资源

4. 散客拼团型和自组包团型产品

散客拼团型产品是门市销售的主要产品，散客是主要的接待对象，旅游行程安排和价格相对固定，一旦报名人数达到出团标准，即可成团。门市服务人员的主要服务对象就是购买散客拼团型产品的客人。

自组包团型产品主要面向企事业单位团体销售，主要由旅行社客户营销部负责推广销售，但门市服务人员平时也会接待此类客人。目前不少游客选择亲朋好友结伴出行，会提出独立组团的要求。自组包团型产品往往是一团一价一行程，根据旅游者的个性需求进行产品设计，需要组团社和地接社的计调人员询价、报价，经团体客户确认，才能最终达成一致意见。相对散客拼团型产品而言，自组包团型产品需要门市接待人员具备更专业的知识和技能，要更加熟悉服务流程。

# 项目 15 散客拼团产品推介

散客拼团产品目前是旅行社门市销售的主打产品，也是门市接待人员的主推产品。一名优秀的门市接待人员能够将旅行社产品的一般特征转化为旅游咨询者向往、理解、需要的个性化特征，恰到好处地推介，掌握销售主动权，刺激旅游咨询者的购买欲望。

● 职业场景

一天下午，小王接待了一对情侣，他们打算明年元旦结婚，并计划蜜月旅行，想让门市服务人员帮助选择一条旅游线路。小王询问了客人的一些情况后，非常热心地给他们推荐介绍了多个出行方案。

● 职场解析

提供咨询服务只是接触客人的第一步，接下来的产品推介则是门市主动提供服务，并决定客人能否发生购买行为的关键步骤。

一、做好推介服务准备

（1）要成为旅行社产品的专家。首先，要熟练掌握本旅行社产品的构成、分类、特点、性能和优势，了解其替代产品和关联产品；其次，与本地同类旅行社产品相比，要清楚自身产品的优势，能够提供有信服力的说明依据；第三，要熟悉本社的各种常规线路报价，做到张口即来，准确无误；最后，要了解当季主推产品的旅游行程安排，能够绘声绘色地描述，能激发游客的购买欲望。

（2）要了解本旅行社各产品的业务操作流程，如机票代理、同行价与直客价的区别、签证材料的收取、收据发票的开具、团费优惠的权限等不同业务流程，按规范操作。

（3）能从客人的入店举动、咨询问题等言行举止中分析出客人的出行意图。平时多学习旅游心理、市场营销、旅游服务、旅游游记和景点介绍方面的知识，运用多种学科的知识来武装自己。

（4）要掌握一些与旅游有关的政策、法律、法规知识，如《中华人民共和国公民出境入境管理法》《中华人民共和国合同法》《中华人民共和国消费者权益保护法》《旅行社条例》《旅行社条例实施细则》《旅游景区质量等级的划分与评定》《旅游服务质量保证金存取管理办法》《旅行社国内旅游服务质量要求》《旅行社出境旅游服务质量》《旅游行业对客人服务的基本标准（试行）》《星级饭店客房客用品质量与配备要求》，以及各地方政府出台的旅行社管理办法和旅游条例等。

## 二、把握主动推介时机

要把握主动推介旅游产品的时机：
（1）客人咨询了问题之后。
（2）客人较长时间关注某条宣传材料时。
（3）客人从青睐的线路产品中抬起头来时。
（4）客人在某类线路的宣传资料前查询比较时。
（5）客人左右盼顾门市服务人员时。
（6）客人开门见山要求给予推介时。

出现这六种情形，意味着客人心中已经有了关注对象，或者希望能从门市服务人员处得到更加细致和确切的产品介绍和解答。这时，门市服务人员可以对客人说诸如此类的服务用语：

这条线路现在报名的很多啊。
这条线路报名马上截止，还有最后两天了！
现在去济州岛正合适！
有什么需要我帮助的吗？
我们去香港澳门的线路很多的，要不要我介绍一下？
这个季节去北方主要看雪景，假如你想度假的话不妨看看海岛线路。

### 三、产品推介内容

（1）客人咨询什么就首先推介什么，以满足客人眼下的需求。

（2）产品概况，包括旅游目的地、游览天数、旅游费用等。

（3）产品卖点，包括产品的性价比、畅销程度、行程安排的合理性和优势等。

（4）类比和对比其他产品，来突出客人咨询产品的优势。客人咨询的产品并不能满足其需求的，借其他产品来引导客人理性和良性消费。

（5）其他需要特别说明的问题，如报名缴费截止时间、签证材料递交截止时间、特殊行程安排等。

### 四、产品推介技巧

（1）预设范围。产品推介前应先根据客人的需求预设产品范围，以免盲目推介。在旅游目的地、游览天数、预设费用、出行时间、出游动机五个要素之中至少挑选一个作为推介范围，如国内游、4天之内、预算3000元之内、清明小长假期间、度假游等。

（2）重点突出。把客人的关注点按重要程度进行排列，如价格、时间、目的地等，把产品能够引起客人最大关注的点放在前面，依次介绍给客人。

（3）互动沟通。推介产品尽管是门市服务人员占据主动地位，但还是需要不断地与客人沟通，从客人的言行举止上得到反馈，及时调整自己推介的方向和内容，步步为营，使推介的产品能满足客人的诸多需求。

（4）降低期望。出门游玩前客人往往抱有很高的期望值，但目前旅游市场的实际情况决定了在行程安排中难免会有不尽如人意的地方，而且不同游客对于不同旅游景观的体验度是不一样的，因此，门市服务人员要实事求是，提前向客人说明可能出现的行程安排缺陷，绝对不能向客人做出任何保证。如："我国港澳地区的星级酒店，除了个别知名高星级、高价位酒店外，哪怕是四星酒店，床都很窄，房间也很小，与国内的星级酒店有一定差距。"

### 五、散客拼团产品推介流程

（1）谈话询问，把握意向。这是产品推介的最初环节。通过与客人进行谈话和交流，询问其出行的关键要素（目的地、时间和预算），以此来了解客人的出行意向。

（2）分析需求，提供参考。这是最考验门市服务人员工作经验的环节。在了解了客人的出行意向后，门市服务人员要在心中迅速分析出其需求，并与本社产品进行配对，力求迅速做出反应，为客人提供一个或多个参考方案。

（3）解释内容，消除疑义。向客人说明参考方案后，应让他们有一定的浏览或了解时间。在客人表现出想要进一步了解的意向后,及时进行详细解释,并抛出产品卖点,消除客人疑虑。

(4)把握时机,促成购买。当客人流露出进一步了解产品详情的意图时,说明门市服务人员的推介有了成效,这时就需要我们趁热打铁、答疑解惑,说明所推介产品正是客人所需要的产品,促成其购买行为。

**职业拓展**

**不同类别客人的产品购买倾向及推介技巧**

| 客人类型 | 产品购买倾向 | 产品推介技巧 |
|---|---|---|
| 1. 不同性别旅游者产品购买倾向及推介技巧 | | |
| 男性旅游者 | 理智且具有目的性;比较自信,不喜欢门市服务人员喋喋不休地介绍,不主动咨询和寻求帮助;希望迅速完成交易 | 一旦发现他们对产品有疑虑时,要及时推介。推介时重点突出,言简意赅 |
| 女性旅游者 | 比较接受建议;咨询提问比较细致;对产品价格敏感度较高,喜欢比较产品;购买行为易受外界因素影响 | 可以推荐多个方案,对报价给予必要的解释;要耐心细致 |
| 2. 不同年龄旅游者产品购买倾向及推介技巧 | | |
| 老年旅游者 | 更青睐传统旅游线路;希望得到尊重和帮助;对产品的行程安排要求宽松;对价格比较敏感 | 推荐经典、性价比高、体能消耗不大的产品,耐心细致、语速要缓 |
| 中年旅游者 | 购买理智,讲究经济型,对出游有预算;对休闲型产品和知名旅游目的地情有独钟 | 推介前要了解客人的旅游经历;推介时关注客人的表情和疑问;推介后要主动询问客人对产品的意见 |
| 青年旅游者 | 对旅游时尚产品敏感,喜欢询问新颖的产品;购买动机易受好友同事影响;对产品类别不挑剔,但容易受情侣影响 | 在问清预算后,推荐旅游时尚产品,强调产品的卖点 |
| 3. 不同收入旅游者产品购买倾向及推介技巧 | | |
| 高收入旅游者 | 注重旅游品质;对行程中旅游六要素的安排比较在意;更乐意和与自己收入相当的人同游;出行时间受限较大 | 推荐高端或豪华游产品,说明产品名额有限,强调旅游六要素安排与众不同的方面,主动提供后续服务 |
| 低收入旅游者 | 挑选产品十分慎重,更在意旅游产品的价格;比较愿意接受门市服务人员的建议,但不太敢主动咨询 | 推介价位相对较低但性价比较高的产品;主动提供咨询推介服务,避免使用旅游专业术语,多提示出行注意事项 |
| 4. 不同家庭情况旅游者产品购买倾向及推介技巧 | | |
| 年轻单身旅游者 | 几乎没有经济负担;时尚达人;浪漫、体验、娱乐导向型 | 推介的产品要与旅游偏好相符,建议结伴同行,否则会增加旅游费用 |

| 客人类型 | 产品购买倾向 | 产品推介技巧 |
|---|---|---|
| 无子女夫妻旅游者 | 经济条件比较好；购买能力强；热衷休闲浪漫型度假产品 | 推介豪华型自由行产品，酒店安排需独具魅力；多关注女士的购买倾向，并适时提及购物方面的行程安排 |
| 年轻夫妻+幼童旅游者 | 行程距离不会太远，交通工具要求舒适，适合儿童的海滨产品是不二之选 | 推介时强调食、住、行、游方面带儿童旅游的便利性，消除父母的顾虑 |
| 年轻夫妻+青少年旅游者 | 注重档次较高的产品及行程能给子女带来的教育意义；对文化、体验、游学等产品感兴趣 | 推介文化品位高、体验感强的产品，如3D动感旅游产品、历史文化名城产品 |
| 成年子女带年老父母旅游者 | 较多购买休闲、度假、体力消耗不大的旅游产品；注重行程安排的舒适性 | 推介时细述舒适宽松的行程安排，赞赏子女对父母的孝心 |

▶ 职业操练

（1）浏览春秋旅行社官网，列出其产品的分类、优势和当季主推产品。

（2）详细阅读春秋旅行社的港澳游产品，罗列其中不同产品的特点和区别，说明其对应的产品类别。

（3）同学两两一组，根据观光游、度假游、购物游、商务游、蜜月旅行的不同需求，模拟客人和门市服务人员之间的港澳游产品推介过程，并写出对话过程。

# 项目16 自组包团产品推介

自组包团产品主要以企事业单位团体采购为主，但是，随着个性化旅游产品的推陈出新，越来越多的旅游者开始与旅行社商谈自行选定行程安排，进行旅行社产品定制。相比散客拼团产品，此类产品涉及的费用较高，是旅行社的最大赢利点，也是门市接待人员提成收入的重要组成部分。

▶ 职业场景

重阳节临近，某天下午，小王接待了来自××单位的工会负责人吴女士。该单位工会准备在重阳节组织退休职工周边二日游，想让门市服务人员帮助设计行程安排。小王询问了客人的一些情况后，当即为其提供了两个周边旅游方案，并与吴女士约定第二天上门为其递送详细的行程安排和报价。

#### 职场解析

自组包团旅游是根据个人或团体旅游者的需求，以旅游者为主导进行旅游行程的安排设计，独立成团，进行旅游。通俗说，自组包团就是根据自己的喜好和需求定制行程，给旅游者提供最具个性化的服务。

### 一、自组包团产品推介流程

自组包团产品需要旅游者或旅游者代表与门市服务人员商议行程安排，并对产品价格进行核算，其推介流程如下。

（1）谈话询问，把握意向。该环节是门市服务人员进行产品推介的最初环节，但面对有自组包团意向的旅游者或其代表，门市服务人员除了了解和掌握其出行关键要素（目的地、时间和预算）外，还要知道出行人数、身份、年龄等团队人员信息，以便日后进行团费核算。

（2）分析需求，提供方案。门市服务人员应尽可能利用旅行社现有线路产品，为客人提供多个参考方案，并说明提供这些方案的理由。要尽量在现有销售产品中为客人进行行程安排方面的调整，调整内容越少，越有利于之后的计调操作和费用核算。如果客人中意的旅游产品旅行社未曾经营过，是常规线路之外的旅游产品，门市服务人员则应推介其他替代或类似产品，并向客人说明选择替代线路的确与众不同，但需要仔细落实行程安排和价格，敬请客人留下联系方式，便于日后沟通。

（3）初定购买，细核报价。由于自组包团产品所涉及的行程安排和人数都是依据客人的需求而定，因此这个环节的产品推介过程与散客拼团有所不同。当旅游者或其代表表达初步购买意向后，行程设计和费用核算要由后台计调人员进一步落实。若是中小型旅行社，门市计调人员身兼数职的话，则由接待人员或门市主管直接操作。若计调与核算工作较为简单，客人稍候片刻即可，若操作时间较长，应向客人解释行程落实和团费核算工作的复杂性，请客人留下联系方式。

（4）发布产品，等候确认。当行程设计和费用核算完成后，通过电话、即时通信工具、邮件、传真等形式第一时间通知客人，对于大客户、新客户，还可登门拜访，听取意见，避免客户流失。在联系客人的过程中，服务人员应详细解释产品落实安排的情况，突出说明符合客人需求的要点，给予客人一定的考虑时间，等候其最后确认，或再次提出修改意见。

（5）完善细节，确定购买。当客人表示认可或提出细微修改意见后，门市服务人员应协同计调部门进一步完善和细化行程安排，及时向客人提出预付订金、签订合同的要求。

## 二、提供出行方案的技巧

（1）直截了当。对于冲动型和随意型等类型的客人，或在接待旺季，可以采取直截了当的推介方法，将最符合客人需求的产品直接推荐给对方。这种办法简单明了，可以快速促成交易，节省销售时间，提高工作效率。

（2）择优而行。对于犹豫不决、比较挑剔的客人，可以介绍两项符合其需求的产品，让从中二选一，而不是让客人在买与不买之间进行选择。这样可以降低客人选择的难度，同时又能有效促成交易。

（3）机不可失。对于已经对某项产品有初步意向，但还意图到其他旅行社进行比较的客人，或是旅游旺季报名火爆时，应及时建议客人立即采取订购行动，以抓住稍纵即逝的优惠机会，可提醒客人优惠及报名额度有限等，使客人感到若不及时决定，名额很快会满或价格很快会上涨。

（4）旁敲侧击。客人如对推介的产品存有疑虑、迟迟不愿做出购买决定的，推介人员应及时利用图片、宣传资料、详细的行程单、客户反馈等旁证材料，来说服客人，促使客人做出购买决定。

（5）额外赠送。门市服务人员通常会有一些惠客权限，如最终折扣价、赠送礼品、免费保险、免收签证费、儿童免单、优惠升舱、改海景房等。假如在推介的最后阶段仍不能使客人做出购买决定的话，就可以通过提供上述优惠条件来吸引客人。

北京故宫

## 三、客人的购买信号

购买信号是指客人在推介过程中所表现出的各种成交意向。有利的成交机会往往稍纵即逝，只有善于把握这些机会，才有可能促成交易。

客人有了购买欲望时往往会发出一些购买信号，有时这种信号是下意识发出的,连客人自己也未必会感觉到,或不愿意承认自己已经被门市接待人员说服,但客人的言谈举止会告诉我们可以和其达成交易了。对于门市接待人员来说,准确地把握时机是相当重要的。

1. 语言信号

在推介产品时,门市接待人员不要只顾自己滔滔不绝地介绍产品,要关注客人语言上的细微反应。当客人问及旅行社产品的一些具体细节并积极讨论时,说明其很可能有了购买意向,这时,门市服务人员一定要特别加以关注。客户提出的问题越多,说明产品销售成功的希望也就越大。

客人表露出来的语言信号包括:

(1) 询问具体细节安排。询问具体细节安排主要包括航班时间、景点停留时间、自由活动时间、客房能够加床、签证要准备什么材料、旅游当地的天气情况、出入境政策等。假如客人不想购买的话,不会浪费时间询问这些细节的。

(2) 询问产品价格。询问价格一般有两种情况:第一种是二次询价,另外一种是讨价还价。客人的第一次询价一般发生在入店看到心仪产品后不久,这不一定是购买信号,只是客人想确认报价是否在其预算范围内,并会与其他旅行社的报价进行比较。当客人在充分交流后发出二次询价时,便是发出了明确的购买信号。询问价格的另外一种情况是讨价还价,这是最为明显的购买信号。虽然客人不一定马上做出购买决定,但这说明客人已经准备把本旅行社的产品纳入其考虑范围内。在对几家旅行社产品进行比较后,假如本旅行社的产品性价比最高的话,客人肯定会购买。

(3) 询问产品服务。询问产品服务主要包括能否上门签合同、能否安排市内接送机场服务、能否上门收取签证材料、导游领队的专业服务技能如何等。只有决意购买产品的客人才会问及这些产品服务细节。

(4) 征求亲朋好友意见。在产品推介过程中,客人向陪同客人征求意见,或者直接打电话询问亲朋好友,说明产品的情况,询问他们的意见,这都说明客人对本旅行社的产品认可度在增强,一旦得到亲朋好友的求证和认可,产品的成功销售随即而来。在与客人的谈话过程中,如门市服务人员听出客人对产品有异议,应及时给予解答,尽早消除疑虑。

(5) 询问付款细节。普通散客客户通常会问的付款细节是:能否使用信用卡?是先付订金还是一次付清?小费怎么付?最迟付款期限是什么时候?企事业单位客户通常会问这些细节问题:转账或用支票支付?旅行社的银行账号是多少?到了这一步,说明这笔业务的销售很成功,门市服务人员只要根据旅行社的财务制度一一作答即可。

2. 行为信号

潜在的客人在最终做出购买决策时,往往还会通过一些非语言行为信号表现出购买意图,门市服务人员若能及时、准确地意识到其潜在的购买信号,抓住时机,促成客人签订旅游合同,必能达成交易。

根据销售实战经验,潜在客人在做出最终购买决策时通常会发出如下几种明显行为信号。

（1）由背靠而坐转而身体前倾。
（2）对推介的兴趣点频频点头认可。
（3）低头，若有所思片刻。
（4）再次浏览行程安排。
（5）说出自己掌握的同类产品的信息。
（6）对门市接待人员的态度明显好转。
（7）询问旁人的意见。

### 职业拓展

**价格商谈原则**

1. 价格最后原则

门市服务人员在推介产品时不可避免地要与客人谈及价格问题。商谈价格一般要放在推介的最后关头，除非客人已多方比较过产品和价格，或对价格十分敏感，否则的话，报价和讨价还价一定要摆在推介的最后环节，而应将产品的价值和服务作为推介的重点。

2. 轻易不降价原则

门市服务人员要明白，无论怎样降低价格，客人永远会认为你在赚钱，而不会赔本。无论你怎样强调打折，客人永远不会相信这是事实。既然客人摆明了其他旅行社的价格，门市服务人员也应再次强调本旅行社产品的与众不同和档次、实力及服务，强调产品的高价值，刺激客人购买。

3. 加价优惠原则

有时降价未必能够达到促销的效果，反而会给客人造成"产品价格虚高""可能还可以再便宜些""产品品质不高"的错觉。与其这样，门市服务人员不妨反其道而行之，采取加价策略，并对客人这样说："假如你现在报名参加这条线路的话，那么你只要再加××块，我们就为您升为商务舱（海景房、五星酒店、赠送 SPA……），平时的话，至少需要加到××元才能享受这样的服务。"这样既提升了客人的旅游品质，又让旅行社避免了陷入"降低价格——降低服务"的恶性循环中。

### 职业操练

（1）从春秋旅行社的产品中挑选一条周边二日游线路，结合"职业场景"中的实例，对旅游线路进行修改，以符合客人的需求。

(2) 模拟"职业场景"实例中门市服务人员与客户之间的产品推介过程,进行对话练习。

(3) 按照"提供出行方案的技巧"中的 5 个技巧,设计 5 段门市服务人员与客户之间的产品推介过程对话。

# 项目 17　定制旅行产品推介

定制旅行与常规跟团游、自由行不同,其具有小团化、私密性高、自主性强、服务灵活、专业周到、无隐性消费等特点,并日益受到市场青睐。

传统跟团游通常是走马观花式地游览大众化景点,缺乏自主性,隐性消费多,靠增加服务项目和购物来补贴成本;完全自由行自主性强、自由度高,但游客在旅行信息搜寻、价格比较、目的地决策等攻略方面耗时耗力,成本高,缺少专业服务,通常存在应急不足、安全保障缺失、语言文化交流存在障碍等问题;定制旅行综合了跟团游和自由行的优点,又弥补了各自的不足,让自由行更加自由、更有保障,能够满足人们个性化和碎片化的出游需求,前景越来越广阔。

### 职业场景

　　暑期临近,小王接待了一位客人,她想趁着暑期带孩子和外公外婆到北京进行一场研学之旅。客人之前出差去过北京,对此次行程有许多自己的想法。了解到客人的情况后,小王热情地推荐了许多跟团游产品,但是客人对每项产品都不太满意,于是小王就向客人推介了定制旅行出行模式,行程中涉及的所有六要素都按客人的想法进行了匹配定制。

### 职场解析

随着大众旅游时代的到来及游客旅行经验的逐渐丰富,选择自由行和自助游的人越来越多,游客已从纯粹的消费者提前介入旅游目的地选择及产品设计中,旅行社则是提供新型专业化的服务,定制旅行由此产生。

一、定制旅行产品

1.什么是定制旅行产品

艾瑞咨询发布的 2018 年《中国在线定制旅游行业研究报告》对定制旅

行的概念进行了界定：广义的定制旅行，是指市场中所有非标准的旅游产品，即需求导向型产品。用户先提出需求，服务商根据用户需求购买资源形成产品。狭义的定制旅行，是指旅游企业或私人旅行顾问针对消费者的个性化需求和体验感受制订旅行方案，并提供相关服务的一种旅游形式。

定制旅行产品是以解决客人需求核心诉求为目的来匹配核心产品资源，并合理配置与核心产品资源相关联的其他产品资源的一种旅游形式。

定制旅行产品资源指的是组成定制旅行产品的交通、酒店、餐饮、目的地（景区景点）、活动项目等。

**大众旅游生产模式与定制旅行生产模式的主要特征对照表**

| 大众旅游生产模式 | 定制旅行生产模式 |
| --- | --- |
| ◇ 以生产为中心 | ◇ 以客人需求为中心 |
| ◇ 稳定的需求 | ◇ 需求细化 |
| ◇ 成本低、稳定的质量、标准化产品 | ◇ 买得起、高质量服务、定制旅游产品 |
| ◇ 产品单一、开发周期长、产品生命周期长 | ◇ 产品随客人需求而变、开发周期短、产品生命周期短 |
| ◇ 批量化生产 | ◇ 个性化生产 |
| ◇ 刚性生产 | ◇ 柔性生产 |
| ◇ 按预测生产 | ◇ 按定制生产 |
| ◇ 忽略了很多客人的需求 | ◇ 对变化的客人需求能作出快速响应 |

2.定制旅行产品的客人特征

（1）有较多个性化需求。有一些特殊群体如老年人、家庭群体、身体不方便的人、时间很紧张的人及有特殊旅游需要的人，由于各种原因不能参加跟团旅游，通过定制旅行社产品可以满足其出行需求。

（2）追求品质服务。可随时调整景点，不需要操心行程中的各项安排，能享受司机和导游更贴心、更周到的一对一专属服务，没有购物的烦恼，能尽情享受旅行的快乐。

（3）寻找独特体验。部分客人对旅游资源的稀缺性和服务环节的极致性有较高要求，需要独特资源和深度体验，注重旅游定制产品资源的独特搭配和组合。

## 二、定制旅行产品推介流程

1.分析需求

在与客人正式沟通前，需要提前对客人提交的需求单信息进行分析，查询相关产品信息，调整好个人状态。

2.获取需求信息（线上首呼）

（1）定制师线上首呼。通过首呼，深入挖掘客人出游目的及出游需求，通过专业知识和优秀的沟通能力为客户答疑解惑，赢得客人信任，给客人留下良好的第一印象。

（2）获取需求信息。包括自我介绍、信息确认、挖掘需求三部分。

①自我介绍。自我介绍包含问好、称呼客人姓氏、明确沟通目的等内容。沟通的目的包括确认需求或者答疑两方面。

②确认信息。包括确认出行时间、人数、出发地、目的地、对目的地的熟悉程度，以及是否有一定要去的景点或一定要做的活动等。

③挖掘需求。包括两方面，第一是确定客人的出游结构，比如是情侣、朋友、家庭（儿童/长者）、公司出游等；其次是确定出游目的，比如是度蜜月、纪念特殊日子、纯放松、家庭游、深度游或主题游。

3.跟单沟通

门市接待人员需要随时保持与客人沟通，跟进订单信息，善于发现客人内在需求。跟单沟通时，要将客人视为定制产品的专家，以倾听、理解的姿态和语气进行沟通，在客人的决策过程中保持活跃度。

4.打消顾虑

要想打消客人的顾虑，就要找到容易引发争议的点。总的来说，争议点集中在价格争议、需求不明确、客人犹豫不决三方面。价格争议集中表现为本店产品比某店贵，或是客人对服务费有争议；需求不明确则表现为旅游目的地和资源项等无法明确；客人犹豫不决，大多是因为与门市沟通的不是购买决策人，或者旅游产品超出了客人的预期。找到争议点后就要想方设法打消客人的顾虑，一般采取感性认同—理性分析—共情说服三步策略。

**三步策略**

| 项目 | 比什么贵 | 为什么收我服务费 | A还是B |
|---|---|---|---|
| 感性认同 | ◇ 客人比价是交易成功的开始，嫌货贵才是买货人<br>◇ "对，您说得对，确实这版报价不太一样" | ◇ 中国人几乎没有服务费的概念<br>◇ 如果我是您，肯定也会有疑惑，是这样…… | ◇ 客人非业内人士，不了解是正常的<br>◇ 对，确实，好多客人都有这个困惑，是这样…… |
| 理性分析 | ◇ 找到比价对象，是不是真的贵？<br>◇ 如果贵，贵在哪儿，为什么？ | ◇ 我提供了什么服务？<br>◇ 我的服务价值在哪里？ | ◇ A是什么样的？B是什么样的？（通俗说明）<br>◇ 相同点是什么？差一点是什么？ |
| 共情说服 | ◇ 抓住客人软肋，引导客人发现真正的需求<br>◇ 多方面阐述产品优势，适当激励，引导成交 | ◇ 服务的复杂性及不可替代性，能带来什么好处？ | ◇ 鉴于您的XXX情况，我给您的建议是…… |

5.捕捉信号、促成交易

门市接待人员要善于捕捉客人在语言、行动和表情三方面的成交信号。语言成交信号通常出现在以下情况中：客人重复些话；客人重复询问付款方式；客人用其他旅游计划与自己的旅游计划进行比较，并认为别人的旅游计划好；客人就旅游计划中涉及的酒店、景区等询问市场反应和用户评语等；

客人询问确认回复的时长，并明确提出需要回去考虑一下；客人询问付款方式、消费支付等细节；客人询问有什么优惠、礼品。客人行动成交的信号主要表现为：突然变得友善；双腿交叉、后背放松；突然安静下来或开始沉思；双手对搓。客人的表情信号表现为：紧锁的双眉分开、上扬；眼睛转动加快，好像在思考什么，一副沉思的样子，神色开始活跃起来等。

### 三、定制旅行产品推介技巧

1.获取客人需求的技巧

在获取客人需求信息时可以采用"5W1H"模式，从原因（Why）、对象（What）、地点（Where）、时间（When）、人员（Who）、方法（How）等六个方面着手。

**5W1H模式结构化信息点**

| 项目 | 内容 | 详细信息点 |
| --- | --- | --- |
| When | 出游时间 | 具体出发及返程时间 |
| | | 是否可以弹性调整 |
| Who | 出游人 | 人数（结构） |
| | | 出游人的关系 |
| | | 出游人的年龄（小童身高） |
| Why | 出行目的 | 休闲度假 |
| | | 亲子游学 |
| | | 公司团建 |
| | | 度蜜月 |
| Where | 目的地 | 是不是首次前往目的地（或有无提前做攻略） |
| | | 有没有特别想去的地方 |
| How | 出行方式 | 大交通的选择（航班时间、直飞或转机、航司、舱位） |
| | | 包车服务的选择（品牌、使用年限、车座） |
| What | 特殊需求 | 酒店（星级、品牌、位置、价位、设施等） |
| | | 预算范围 |
| | | 指定的活动项目 |
| | | 指定的餐厅 |

2.沟通技巧

在与客人沟通时如果运用得当的技巧，会使沟通更加顺畅并取得理想的效果。门市接待人员推介定制旅行产品时应当关注以下几方面的沟通问题。

（1）提高倾听技术。在与客人沟通时，最重要的事情是鼓励客人多表达自己的需求，从而掌握客人的愿望、爱好、习惯等信息，甚至是不满和抱怨等重要信息，再针对性地与客人沟通，满足其需求。

（2）熟练运用肢体语言。在与人交流沟通时，即便不说话，可以凭借对方的身体语言来探索他内心的秘密，对方也同样可以通过身体语言了解到我们的真实想法。我们要善于通过自己的动作、神态等辅助表达对客人内心真实想法的认可。

## 职业拓展

### 定制旅行产品与其他类型旅行产品对比

从客人主导程度来划分,目前旅游市场中主要存在三种旅游形式,分别是团队游、自由行及定制旅行。

团队游,又称跟团游,是包价旅游产品。旅行社将各个旅游产品的单项要素(住宿、交通、餐饮、景点等)组合起来,添加旅行社自身提供的服务和附加价值(咨询服务、导游服务、后勤服务、手续办理、保险购置等),成为旅行社的产品。由旅行社根据计划行程,安排客人的食、住、行、游、购、娱等活动。

自由行,是指通过旅行社、在线旅行社、产品分销商或代理商等,为个体消费者在自主安排行程的过程中提供部分旅游度假产品和服务。

三种旅游产品对比分析如下表。

**定制旅行产品、团队游产品、自由行产品对比分析表**

| 项目 | 定制旅行产品 | 团队游产品 | 自由行产品 |
|---|---|---|---|
| 产品设计面向群体 | ◇ 散客个体<br>◇ 散客团体 | ◇ 大众市场<br>◇ 特定群体 | 散客 |
| 产品设计内容 | 凸显个性需求、展现精细设计、注重深度体验,强调对产品资源的挖掘和组合能力,不易被复制 | 设计产品时强调对现有资源的组合能力,大众观光类产品容易被复制 | 旅游六要素的简单组合,以固定往返时间的机票+酒店为主,容易被复制 |
| 产品销售过程 | ◇ 线下:客人咨询—需求信息获取—行程方案设计(需求分析与产品资源挖掘)—与客人沟通—方案修改—成交<br>◇ 线上:客人填写需求单—定制师电话首呼—设计行程方案(需求分析与产品资源挖掘)—与客人沟通—方案修改—成交 | ◇ 线下:客人咨询—推介产品—沟通—单成交<br>◇ 线上:客户端查询产品—与客人沟通—成交 | ◇ 线下:客人咨询—推介产品—沟通—成交<br>◇ 线上:客户端查询产品—成交 |
| 产品定价 | 一团一价,价格透明,明确收取服务费 | 没有产品成本明细,线路中没有明确服务费 | 可通过选择具体产品来调整产品价格 |
| 产品宣传 | 不需要产品宣传 | 需要产品宣传 | 需要产品宣传 |
| 产品特点 | 行程与客人需求吻合度高,产品制作成本较高 | 行程固定,时间紧凑,行程强制性高 | 需要花费客人较高的时间成本,出游途中无保障,人身财产安全无法保障 |
| 产品跨界延展性 | 如果单一用户的需求比较集中,可以转化成面向某一群体的小众团队游产品 | / | / |

🍀 职业操练

(1)浏览携程旅行的定制旅行模块,查看定制案例,选取一个案例,列出其主题、行程亮点、对应的客人需求。

(2)根据"职业场景"中的信息,借助"5W1H"模式记录一份旅游定制产品客人的需求单。

(3)同学们每两人为一组,按照"三步策略"设计三段对话,模拟门市接待人员推介旅游定制产品时打消客人三种顾虑的情景。

# 项目18　新型单项旅行产品推介

过去,旅行社推出的传统旅游单项产品主要涉及"自由行"的一些产品,如单订酒店住宿、单订机票(火车票)、单订景点门票等。近年来,我国旅游规模越来越大,"互联网+旅游"和众多在线旅游电商(OTA)对旅游服务产品不断推陈出新,使得旅游新型单品层出不穷。这些产品包括签证服务产品、目的地用车服务产品、境外通信服务产品、邮轮旅行产品、旅游保险产品等。

旅行社门市接待人员一定要把握市场动向,积极应对客户新需求,熟知新型单项旅游产品的推介内容和要求,为旅行社创造更多的赢利点。

🍀 职业场景

　　临近五一,出境游再度复苏。这段时间,小王接待了很多出境自由行客人,其中有位客人咨询的问题比较复杂。他们一家三口想去新西兰自驾游,因此咨询了全家的新西兰签证申请问题、新西兰当地的租车情况、旅游意外险的购买问题,还有就是如何解决当地的手机上网流量问题,客人还提出最好能在新西兰坐一次邮轮,去大堡礁观赏珊瑚和鲸鱼。小王根据客人的需求和实际情况一一作了解答。

🍀 职场解析

新型单项旅游产品,主要指为了帮助旅游者提高出行的便利度、降低意外和风险造成的损失、丰富旅游体验,由各类旅游企业推出的代办签证、目的地用车、境外通信、邮轮、旅游保险等服务产品,这些服务产品有别于传统的跟团游、自由行、酒店、机票、门票等旅游服务产品。

一、签证服务产品

1.概念

签证服务产品是指受客人委托、由旅行社代为办理的各种签证手续,旨在帮助申请人顺利获得签证。这些服务包括签证申请咨询、材料准备、申请表填写、预约面试、跟进申请进度、陪同签证申请、递送签证申请等。针对不同国家和不同签证类型,需要提供不同的服务和建议。

2.分类

(1)个人签证代办服务。这类服务是指由专业的签证代办机构或中介机构代表个人客户向目的地国家驻华使领馆申请签证,包括签证申请咨询、材料准备、表格填写、预约面试、跟进申请进度等。这类服务产品目前是旅行社提供的主要签证服务产品类别。目前主流的签证申请代办国家主要是日韩、东南亚国家、欧洲主要各国、美国、加拿大、澳大利亚和新西兰等国,相对而言,非洲和南美洲国家对应的签证服务产品较少。按照签证类型,可将个人签证代办服务分为旅游、商务、探亲、留学、工作、移民等,前三者是目前旅行社个人签证代办服务的主要类别。此外,旅行社还能为客户提供非常丰富的特色签证代办服务,包括拒签全退、简化材料、加急服务、包快递服务、陪同办签、代做机票+酒店订单等内容。

(2)团队签证代办服务。这类服务是指由专业的签证代办机构或中介机构代表团队向目的地国家驻华使领馆申请签证,包括团队签证申请材料准备、表格填写、预约面试、跟进申请进度等。目前,旅行社在实施跟团出境游的计调操作时,主要采取的就是团队签证代办服务,也就是俗称的 ADS 签证服务。

3.推介建议

首先,要对不同情况的签证流程有比较全面的掌握和了解,包括且不限于能够知道东南亚、日韩、澳新和欧美等主要国家的不同签证政策;能够知道旅游签证和其他类型签证的不同办理难度;能够知道不同国家免签、落地签、入境签和过境签的相关政策;能够知道电子签、另纸签和贴纸签的不同办理区别;能够知道个人签、家庭签和团队签(ADS 签证)的不同办理区别;能够知道面签、生物信息采集和销签等不同签证流程环节;能够针对客户的签证需求(时间紧迫、因私或因公出行目的等);能够知道不同国家对申请人不同领区的管辖要求;能够知道各国签证签发的停留时间、有效期长短、生效时间、入境次数的区别;能够知道签证和签注的区别及客户身份证件的区别。

其次,要根据客户的签证类型和目的地,推介适合的签证服务产品。例如,如果客户需要办理商务签证,可以推荐商务签证服务;如果客户需要办理旅游签证，可以推荐旅游签证服务。

第三，要提供详细的服务说明和费用信息，让客户了解选用该服务产品和便利程度和费用，以便做出明智的选择。

最后，要在签证专员的指导下准备签证申请材料，提供表格填写服务，帮助客户准备好申请签证所需的材料，指导填写申请表格；能提供预约面试和跟进申请进度服务，帮助客户顺利通过签证面试并了解申请进度；能提供客户服务和售后支持，解答客户的问题，处理客户的投诉，提高客户的满意度和忠诚度。

## 二、目的地用车服务产品

1.概念

目的地用车服务产品是指由旅游目的地专业的用车服务机构提供的一系列服务，旨在帮助客户在到达目的地后方便快捷地租用车辆。这些服务包括提供各种类型车辆（如轿车、SUV、面包车等）的接送机（站）服务、提供不同的自驾租车或配司机的包车服务等。

2.分类

（1）司机包车服务。通常由旅游公司或租车公司提供一辆车和一个司机，为客户提供定制化的交通服务。客户可以根据自己的需求和行程安排，选择租用车辆的时间、地点和路线。包车服务通常适用于旅游观光、商务出行、婚礼等场合，可以为客户提供更加灵活和便捷的交通选择，让客户充分自由地探索目的地。

（2）自驾租车服务。通常由租车公司提供，通过租用车辆的方式，让客户自己驾驶车辆前往目的地。客户可以根据自己的需求和行程安排，选择租用车辆的时间、地点、车型和租期。自驾租车服务通常适用于自由行、自驾游、探险旅行等场合，可以为客户提供更加灵活和自由的交通选择，让客户更加方便地探索目的地，享受自驾的乐趣。

（3）接送机（站）服务。通常由旅游公司或机场运营商提供机场（车站、码头）到酒店或其他目的地的交通服务，以及从酒店或其他地方到机场的交通服务。这些服务通常包括专门的车辆、司机和行李处理服务，让客户更加方便地前往目的地，减少旅途中的不便。

（4）出租车服务。通常由出租车公司或个人出租车司机提供一种随叫随到的交通出行服务，客户可以在任何时候和任何地点叫到出租车，非常适用于短途出行或者需要在城市内快速到达目的地的情况。出租车司机熟悉当地的道路和交通情况，可以让客户有更加便捷和快速的出行体验。

3.推介建议

要根据客户的需求和旅游计划，推荐适合的用车服务产品，说明详细的服务和费用信息。

（1）司机包车服务。首先，要定位目标客户群体，如家庭团、朋友团、商务团等。其次，要突出产品特点：包车服务的特点是灵活、便捷，在推介时要突出这些特点，强调可以根据客户需求和行程安排提供定制化的交通服务，让客户可以更加自由地探索目的地。第三，是突出服务品质，强调能够提供优质的车辆、司机和行李服务，让客户在旅途中有舒适和便捷的体验。最后，是解释合理的价格：包车服务的价格通常比出租车和公共交通出行要高，因此要解释清楚价格高出的理由，提供让客户可以接受的价格策略。可以提供不同的租车时长和车型，让客户按需选择。

（2）自驾租车服务。首先，要突出服务特点，即自由、灵活，强调可以根据客户的需求和行程安排提供自由的交通服务，让客户更加自由地探索目的地。其次，是介绍服务品质，强调能提供优质的车辆、保险、路线规划和技术支持服务，让客户在旅途中享受安全、舒适和便捷的服务。第三，是说明合理的价格：提供不同租车时长、不同车型的自驾服务清单，设计好优惠活动。最后，进行详细的使用说明，让客户了解租车注意事项和驾车安全知识，并承诺提供 24 小时技术支持服务，帮助客户解决租车过程中遇到的问题。

（3）接送机（站）服务。一方面，要保证服务品质，强调旅行社能提供优质的车辆、司机和行李处理服务，以及 24 小时技术支持服务；另一方面，要说明服务要求，让客户提前告知出发时间、航班或车次信息，并提供 24 小时客服服务，说明不同服务类型和车型的价格，让客户根据自己的需求选择合适的产品。

（4）出租车服务。出租车服务的特点是随叫随到、快捷方便，不需要换乘其他交通工具，可以直接到达目的地。另外，出租车司机都经过专业培训，可以很好保证客户的安全和权益。

总之，推荐目的地用车服务产品时，要根据旅游目的地的交通情况和客户需求提供个性化服务和建议，方便客户在目的地出行。

### 三、境外通信服务产品

1.概念

境外通信服务产品，是指由专业的通信服务机构提供的国际漫游服务、国际长途电话服务、国际短信服务、国际流量服务等系列服务产品。客户可以根据自己的需求选择不同的服务套餐。

2.分类

目前，旅行社主要销售的境外通信服务产品是境外 Wi-Fi 产品和电话卡。

境外 Wi-Fi 产品通常分为以下几类：

（1）无限流量境外 Wi-Fi。这类产品提供无限流量的境外 Wi-Fi 服务，客户可以随时随地使用网络，不用担心流量限制。

（2）数据流量包境外 Wi-Fi。这类产品提供一定的数据流量，客户可以根据自己的需求选择不同的流量包，以满足旅游期间的上网使用需求。

（3）多人共享境外 Wi-Fi。这类产品提供多人共享的境外 Wi-Fi 服务，客户可以将 Wi-Fi 分享给同行的朋友或家人，以节省旅游成本。

（4）全球漫游境外 Wi-Fi。这类产品提供全球范围的漫游服务，客户可以在多个国家和地区使用同一款 Wi-Fi 设备，方便快捷。

境外电话卡通常分为以下几类：

（1）国际漫游电话卡。这类电话卡是由国内运营商提供的，可以在境外使用，但需要进行漫游设置。用户可以使用自己的手机号码和 SIM 卡，但需要支付高昂的漫游费用。

（2）本地电话卡。这类电话卡是由境外运营商提供的，可以在境外使用，但需要更换 SIM 卡。用户可以购买当地的电话卡，用当地的费用享受当地的通信服务。

（3）国际电话卡。这类电话卡是由第三方公司提供的，可以在全球范围内使用，但需要拨打指定的接入号码。用户可以购买国际电话卡，用相对低廉的费用享受全球通信服务。

（4）数据流量卡。这类电话卡是由境外运营商提供的，可以在境外使用，但主要提供数据流量服务。用户可以购买数据流量卡，用相对低廉的费用享受境外移动数据服务。

3.推介建议

（1）按需推介。如果客户需要在境外长时间使用网络，可以推荐无限流量的境外 Wi-Fi；如果客户是熟人且要降低出行成本，可以推荐多人共享的境外 Wi-Fi。推介时要说明不同产品的网络覆盖范围和网速，解释详细的服务条款和费用信息，以便客户做出明智的选择。最后还要说明产品的预订和付款方式，方便客户随时随地预订和付款。

（2）突出产品特点。境外电话卡的特点是能够避免高昂的漫游费用，提供更加便捷和实惠的通信服务。推介产品时要让客户认识到境外电话卡的优势和价值，强调境外电话卡在网络覆盖面、语音质量和客户服务上的优势。

## 四、邮轮旅游产品

1.概念

邮轮旅游，是指乘坐邮轮前往不同旅游目的地进行旅游的一种方式。邮轮旅游提供住宿、餐饮、娱乐和旅游等服务，游客可以在舒适的环境中享受旅游的乐趣。邮轮旅游的目的地通常是一些海滨城市、岛屿或沿海景区，游客可以在邮轮上度过几天或几周时间，途中参加各种娱乐活动、参观景点、品尝美食等。邮轮旅游的优势在于可以提供全方位的旅游服务，让游客在一条船上体验不同旅游目的地的风景和文化，享受舒适和便捷的旅游服务。游客可以根据自己的兴趣和预算选择不同的邮轮航线和服务套餐。

邮轮服务设施

2.分类

（1）按船型分类。邮轮可以分为大型邮轮、中型邮轮和小型邮轮。大型邮轮通常有数千名乘客和数百名船员，设施和娱乐设备非常齐全，船上设有多家餐厅、游泳池、健身房、剧院等。中型邮轮和小型邮轮通常设施较为简单，但也可以提供舒适和便捷的旅游体验。

（2）按邮轮服务类型分类。邮轮可以分为豪华邮轮、主题邮轮、家庭邮轮、探险邮轮等。豪华邮轮通常提供高端服务和设施，如私人泳池、SPA、高级餐厅等。主题邮轮根据不同的主题进行设计，如音乐邮轮、美食邮轮、文化邮轮等。家庭邮轮提供适合家庭出游的设施和活动，如儿童游乐区、亲子活动区等。探险邮轮提供探险和探索性质的旅游服务，如南极探险邮轮、阿拉斯加探索邮轮等。

（3）按邮轮航线分类。邮轮可以分为海洋邮轮、河流邮轮等。海洋邮轮通常在海上航行，通常是长途旅游，可以前往不同的海岛和海滨城市。河流邮轮则在河流上航行，通常是短途旅游，可以前往不同的沿岸城市和景点。

（4）按邮轮公司分类。根据不同的邮轮公司，可以将邮轮分为皇家加勒比、诺唯真、歌诗达等。不同的邮轮公司有不同的特色和服务，可以根据客户的需求选择合适的邮轮公司和产品。

3.推介建议

（1）根据客户的兴趣和预算，推介适合的邮轮航线和服务套餐。例如，客户如果喜欢文化和历史，可以推荐欧洲河流邮轮产品；客户如果喜欢海滨度假，可以推荐加勒比海邮轮产品。

（2）提供详细的邮轮和舱房信息，让客户充分了解邮轮的设施和服务。①按舱位类型介绍邮轮。邮轮的舱位通常分为内舱、海景舱、阳台舱、套房等不同类型。内舱是最基本的舱位类型，没有窗户和阳台，价格相对较低；海景舱可以看到海景，价格相对较高；阳台舱有阳台，可以欣赏海景，价格更高；套房是最高档的舱位类型，通常拥有更大的空间和更高的舒适度。②按舱位设施介绍邮轮。不同的舱位设施其服务不同。例如，豪华套房通常拥有私人阳台、浴缸、客厅、餐厅等设施，可以提供高端的服务；海景舱有舒适的床铺、卫生间、储物空间等基本设施；内舱则相对简单，通常只提供基本的床铺和卫生间等基本设施。③按舱位位置介绍邮轮。邮轮的舱位位置会直接影响客户的选择。例如，靠近船头和船尾的舱位通常会受噪声影响，而且晃动比较厉害，价格相对较低；靠近船体中央的舱位则相对安静和平稳，价格相对较高。④按舱位面积介绍邮轮，让客户了解不同舱位的空间大小和舒适度。一般来说，邮轮舱位面积越大，客户的舒适度和体验感也会越好。⑤按历史评价和口碑介绍邮轮，让客户了解不同舱位的优缺点和客户体验感，并提供邮轮舱位的评级和认证信息，增加客户对产品的信任度。

（3）提供岸上观光和旅游活动的信息和预订服务，让客户可以更好地了解目的地，享受旅游的便利和乐趣。

## 五、旅游保险产品

1.概念

旅游保险产品是指由保险公司提供的，为保障游客权益，应对旅途中可能遇到的意外和紧急情况而开发的产品。它通常包括意外伤害保险、疾病医疗保险、行李丢失和损坏保险、旅行延误和取消保险等。客户可以根据自己的旅游计划和预算选择不同的保险产品和保障方案，以便在旅途中获得全面的保障和安心的旅游体验。

2.分类

（1）按保险责任分类。可将旅游保险分为意外伤害保险、医疗保险、财产保险等不同类型。意外伤害保险，是指在旅游期间，因意外事故导致游客身故、受伤或残疾，保险公司给予一定的赔偿。医疗保险，是指在旅游期间，因突发疾病或意外事故，导致游客需要医疗救治，保险公司给予一定的医疗费用赔偿。财产保险主要针对旅途中的财产风险，如行李丢失、财物被盗等。其中，行李保险是指在旅游期间，因行李丢失、损坏或被盗，保险公司给予一定的赔偿。此外，因不可抗力导致行程中断或取消时，可以投保取消或中断旅行保险；航班延误或取消时，可以投保相应的险种等。

（2）按保险范围分类。可将旅游保险分为国内旅游保险和境外旅游保险，一个针对国内旅游，一个针对境外旅游，以应对意外伤害、医疗保险、财产损失、紧急救援、航班延误等情况。

（3）按保险期限分类。可将旅游保险分为短期旅游保险和长期旅游保险。短期旅游保险的期限通常为行程时段，提供旅游期间的保障；长期旅游保险可以提供更长时间的出行保障。

（4）按保障范围分类。可将旅游保险分为个人旅游保险和团体旅游保险。个人旅游保险主要针对为个体提供出行保障，团体旅游保险可为旅行社、企业组织的旅游团体等提供出行保障。

（5）按保险费用分类。可将旅游保险分为单次保险和多次保险。单次保险的投保费用较低，适合单次旅游保障；多次保险则费用较高，适合经常旅游的人群，可以提供更长时间的保障。

3.推介建议

（1）说明购买旅游保险的重要性。第一，旅途中存在各种风险，如意外伤害、突发疾病、财产损失等，旅游保险可以提供全方位保障，让客户出行无忧。第二，旅游中如果突发疾病或意外伤害，医疗费用通常较高，医疗保险可以为客户提供医疗保障，减轻经济负担。第三，旅途中可能出现行李丢失、财物被盗等情况，投保财产险可降低财物损失风险。第四，旅游中一旦发生紧急情况，如山区徒步旅行时发生意外伤害、海上旅行时船只出现故障等，投保相应的保险可以获得紧急救援保障。第五，一旦航班延误或取消，会使接下来的行程受到影响，旅游保险可以提供航班延误保障。

（2）推介要有针对性。第一，要根据旅游目的和旅游活动类型，推荐相应的保险产品。例如，如果客户计划进行高风险的户外活动，可以推荐意外伤害保险和紧急救援保险。第二，根据客户的旅游预算和保障需求，推荐不同的保险产品和保障方案。例如，如果客户预算有限，可以推荐基本的旅行意外险和行李保险。第三，要详细解释保险条款，让客户了解保险产品的保障范围和限制，以便客户做出明智的选择。

（3）提供在线购买和理赔服务，方便客户随时随地购买产品。

### 职业操练

（1）浏览携程旅行官网，分别罗列出签证服务产品、目的地用车服务产品、境外通信服务产品、邮轮旅行产品、旅游保险产品，并进行介绍。

（2）根据"职业场景"中的信息，模拟为客人推介一款合适的签证服务产品、目的地用车服务产品、境外通信服务产品、邮轮旅游产品和旅游保险产品。

# 单元❻ 手续办理

> 在推介完旅游产品后,假如门市服务人员与客人只是达成了口头协议,那么双方还需要进一步签订书面旅游合同,明确双方的权利义务,以维护旅游者和旅行社的合法权益,并办理相关手续,如交付费用、开具发票等。

## 项目 19　签订国内旅游合同

国内旅游服务,指旅行社依据《旅行社条例》等法律法规,组织旅游者在中华人民共和国境内(不含香港、澳门、台湾地区)旅游,提供代订公共交通客票,安排餐饮、住宿、游览等服务的活动。依据《旅行社条例》,旅行社提供国内旅游服务时,必须与旅游者签订旅游合同。

🍃 **职业场景**

> 前些日子,小王接待了一对情侣。这天,他们又来到门市,一见到小王,立刻走上来说:"我们昨晚已经商量好了,就接受你的推荐,去三亚度蜜月,参加你们的 11 月 8 号的三亚旅游团。"于是,小王立刻与他们签订了旅游合同。

🍃 **职场解析**

与旅游者或旅游者代表签订旅游合同是门市服务人员的基本工作内容,也是其必须掌握的基本技能。

### 一、团队境内旅游合同

为贯彻落实《中华人民共和国旅游法》,2014 年 4 月,国家旅游局会同国家工商行政管理总局联合修订了《团队境内旅游合同（示范文本）》，并在 2014 年版《团队境内旅游合同（示范文本）》的基础上，制定了合同示范文本的简化版本。简化版本与完整版本要共同使用，其目的是在保证合同完整性的前提下，兼顾合同操作的便捷性，节约旅游企业的经营成本，方便旅游者阅读和签署。

团队境内旅游合同（示范文本）
简化版本

在示范文本推行过程中，各地旅游主管部门均以完整版本为准，引导旅游企业和旅游者在旅游活动中根据实际需要使用简化版本。各级旅游主管部门在其官方网站权威发布旅游合同完整版本，旅行社企业采取店堂公告、纸质单行册、电子版本等方式使签约旅游者阅读到旅游合同完整版本。旅游企业在引导旅游者阅读完整版本的旅游合同后，打印简化版本的旅游合同供旅游者签署。

选择使用完整版本或者简化版本的旅游合同，由旅游企业和旅游者自主决定。

## 二、国内旅游合同签订注意事项

为了维护旅行社与客人的权益，在签订旅游合同时一定要规范、谨慎。

1. 对参团旅游者的要求

在填写《旅游报名表》时，要写清参团人数，并如实填写旅游者的身体状况，由客人亲笔签名。

为了防范旅游风险，老年人参团时，最好要求客人提供医院体检证明。18岁以下未成年人要在监护人的监护下签订合同，并提交《家长书面同意出行书》，任何情况下都不能单独与未成年人签订旅游合同。

2. 对《旅游行程单》的解释

《旅游行程单》一般由旅行社计调人员或产品策划部门人员制定，在与客人签订合同前就已打印好。在一些大型旅行社，门市服务人员可从内部管理软件中直接将《旅游行程单》打印出来。

2009年5月1日，《旅行社条例》（以下简称《条例》）开始实施并于2017年3月1日进行了第二次修订。条例对旅游合同中涉及的行程安排有不少具体规定。在与客人签订旅游合同时，门市服务人员除了提供《旅游行程单》外，还要对行程安排进行一一解释和确认。

（1）餐饮服务安排及其标准。旅行社一般不负责大交通旅途过程中的用餐，尤其是火车、飞机及邮轮上的用餐，所以签订旅游合同时门市服务人员要说明整个旅游过程中旅行社负责几餐，几顿正餐、几顿早餐，每餐几个菜，几荤几素，几凉几热，主食是什么，有多少，几人一桌，正餐的标准金额，如不足10人一桌，菜品数量依人数酌情增加或减少等内容。

（2）住宿安排及其标准。在住宿安排方面，过去允许在旅游合同中有"准二星、准三星"或者"按照二星或三星标准建设的宾馆"等模糊说法，但修订后的《条例》不但要求注明星级，还要求明确旅途中所住酒店的名称。对于不挂星的酒店，最好向客人说明是否为标准间，有无空调或暖气，有无24小时热水供应，有无一次性洗漱用品等；对于相对简陋的农家乐、渔家乐等住宿安排，应说明是几人间，有无热水，有无室内卫生间，能否洗澡，是否有电视、电话；若是市区内的便捷酒店，要说明是否是无窗房等详细信息；如果是拼房，要写明补单房差并注明补差金额。

（3）交通安排及其标准。旅途中的每一段行程，都要明确约定交通工具的种类、档次或具备的功能。对汽车团，应说明所乘车辆共有多少座、有无空调等，避免出现"豪华车"等字样；对于火车团，如是坐票，则应说明是硬座还是软座，如是卧铺，要说明是硬卧还是软卧；乘坐飞机的，应该说明是经济舱还是公务舱，能否升舱、能否退改签票；乘坐游轮（邮轮）的，要说明是几等舱、几层，是内舱还是外舱。在没有拿到大交通票之前，在合同中不要约定车次、卧铺的位置及时间等内容。

（4）统一安排的游览项目的具体内容及时间。对于游览的景点，要说明共有几个，名称是什么，需要门票还是免费开放。有些景点除大门门票外还会有小门票（如登塔费、内部展览参观费等），旅行社一般只提供景点大门票，小门票则由游客自费。对于游览时间，《条例》要求合同中必须约定每个景点的大致游览时间，这也是门市服务人员需要向客人说明的内容。

（5）旅行社安排的购物次数、停留时间及购物场所名称。根据《中华人民共和国旅游法》，旅行社组织、接待旅游者，不得指定具体购物场所，不得安排另行付费旅游项目。

3. 安全提示

在签订合同的同时，门市服务人员还需要给客人提供两份《参团须知》或《安全告知书》，客人阅读后要亲笔签名，一份由客人保存，一份由旅行社留档并与合同订在一起。

4. 费用的构成及支付问题

旅游费用要写明团费内是否包含了旅游意外险。特殊人群另外增加的费用不写在合同里。团费应注明金额、支付方式（支票、现金、汇款等）。企事业团体常采用分期付款的方式，因此在合同里还要约定尾款支付时间。

5. 全陪派遣问题

当成团人数低于一定人数（一般为15人）时，为了节约成本、降低报价，旅行社一般不再派全程陪同导游随团去旅游目的地。有时，自组成团的企事业团体为节约费用，也会向旅行社提出不派全陪的要求。旅行社将游客送上飞机，抵达目的地后，由地接社工作人员接机、接待。

对于不派领队和全陪导游、由地陪导游直接在旅游目的地接机（车、船）的旅游线路产品，旅行社要事先向旅游者说明情况。

6. 旅游保险问题

旅游保险包括旅行社责任险和游客旅游意外险。对于那些因旅行社的责任引发游客伤亡、财产损失的，由旅行社依法承担各种民事赔偿责任，并由法院或相关仲裁机构裁决。但由于游客个人原因引发的人身及财产损失，则由游客自己承担责任，旅行社只提供道义上的帮助。

旅游意外险的投保人和受益人均是游客，由游客依据个人意愿自行投保。在签订旅游合同时，旅行社可以向游客推荐和介绍旅游意外险产品，但不能强制旅游者购买。如果游客愿意购买相关保险，旅行社可代办投保手续。

门市服务人员应向客人说明，旅游意外险价格便宜，保障额度较高，花较少的钱就可以获得保障，何乐而不为呢？

### 职业操练

（1）浏览春秋旅行社官网（www.springtour.com），挑选一份适合蜜月旅行的三亚旅游产品，制订一份《旅游行程单》。

（2）结合教材相关内容，针对上题中的旅游行程安排，拟订一份三亚蜜月旅行《安全告知书》。

（3）同学们两两一组，模拟完成国内旅游合同签订过程，并写出对话。

# 项目 20　签订出境旅游合同

出境旅游服务，指出境社依据《旅行社条例》等法律法规，组织旅游者出国及赴港、澳地区等旅游目的地旅游，提供代办旅游签证/签注，代订公共交通客票，安排餐饮、住宿、游览等服务的活动。依据《旅行社条例》，旅行社提供出境旅游服务时，必须与旅游者签订旅游合同。

## 职业场景

寒假临近，王老师一家打算挑选一个东南亚的海岛旅游度假。他们来到旅行社门市部，在浏览了相关旅游产品后，决定前往马来西亚的沙巴岛。在小王的推介下，他们选中了"#双岛奇缘#沙巴5日4晚超值游"产品，并当即签订了旅游合同。

## 职场解析

### 一、团队出境旅游合同

《中华人民共和国旅游法》于2013年10月1日正式实施，为贯彻落实《旅游法》，2014年4月，国家旅游局会同国家工商行政管理总局联合修订了《团队出境旅游合同（示范文本）》，并在2014年版示范文本的基础上制定了简化版本。

2016年修正的《中华人民共和国旅游法》又出台了新规定，有关购物和另行付费旅游项目的条款将不能出现在出境旅游合同中。但与《旅游法》配套的合同示范文本尚未发布，因此，《团队出境旅游合同（示范文本）》仍是目前各地方旅游管理部门或旅行社签订旅游合同的蓝本。

团队出境旅游合同（示范文本）
简化版本

通过规范示范文本，要引导行业自律，把法律的强制性规范变成行业的自觉规范。各地在旅游市场监管工作中，要大力引导旅行社和广大旅游者使用示范文本，发挥示范文本宣传、贯彻、落实《旅游法》的重要作用。

各地旅游主管部门和工商行政管理部门可以印制和发放示范文本，其他单位或个人不得出于商业目的擅自印制和出售。

## 二、出境旅游合同签订注意事项

签订出境旅游合同时，门市服务人员要向客人解释和介绍旅游六要素的内容。除此之外，还要对护照与签证、港澳通行证与签注、保证金、小费等方面进行额外说明。

1. 护照

护照（passport）是一个国家的公民出入本国国境和到国外旅行或居留时，由本国发给的证明该公民国籍和身份的合法证件。我国的护照分为外交护照、公务护照和普通护照。旅行社办理各类出境旅游业务使用的多为因私普通护照。

客人在出境旅游前要自行申领护照，对于未申领护照的客人，尤其那些年老体弱、申领护照有困难的客人，旅行社可以提供有偿协助办理服务。具体服务程序如下图所示。

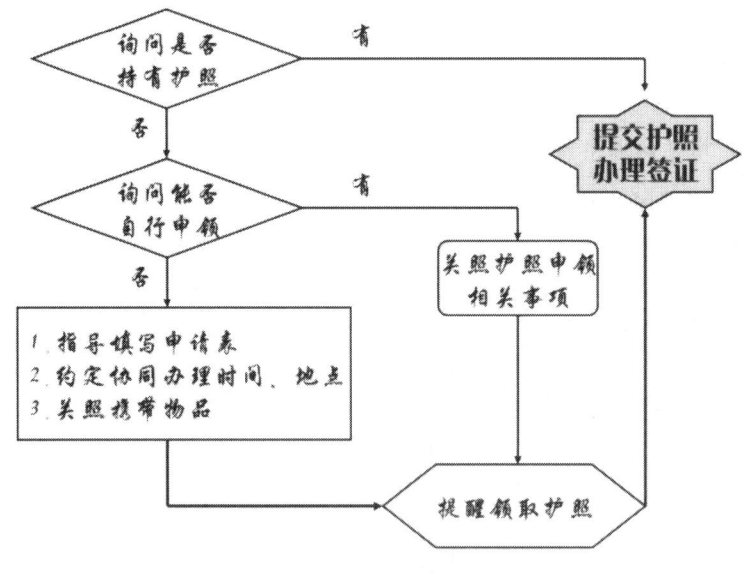

申领护照程序

申领护照时要携带的材料有：照片（建议客人到出入境管理处现场拍摄）、身份证和户口簿原件及复印件、工本费用，特定身份人员需提交单位意见。申领时还要填写《中国公民因私出国（境）申请表》。

2.签证

护照是持有者的国籍和身份证明，签证则是主权国家准许外国公民或者本国公民出入境或者经过国境的许可证明。

详言之，签证（visa）是一个国家的主权机关在本国或外国公民所持有的护照或其他旅行证件上的签注、盖印，以表示允许其出入本国国境或者经过国境。它是颁发给人们的一项签注式的证明，是一个国家的出入境管理机构（例如移民局或其驻外使领馆）批准外国公民入境所签发的文件。

签证办理一般流程
- 递交有效护照
- 递交与申请事宜相关的各种证件
- 填写并递交签证申请表格 → 签证不同，表格也不同。表格多数要用外文填写，同时提供本人照片
- 前往国驻该国大使馆或领事馆官员会见 → 有的国家规定，凡移民申请者必须面谈；也有的国家规定，申请非移民签证也需要面谈
- 大使馆或领事馆将各种填妥的签证申请表格和必要的证明材料呈报国内主管部门审查批准 → 少数国家使领馆有权直接发给签证，但仍要转报国内备案
- 前往国家的主管部门进行必要的审核后，将批准意见通知驻该国使领馆。如果同意，即发给签证；如果拒绝，也会通知申请者 → 拒签的，使领馆不退签证费
- 缴纳签证费用 → 递交签证申请时一般就要缴费，也有个别国家签证成功后才收取费用。各国签证费用不一，也有免签证费的

旅游签证是签证的一种，一般由出境社统一办理，也有旅游者自己办理的。旅游签证受限制较大，有效期和停留期都较短，且只能用来从事与旅游相关的活动。团体旅游签证是旅游签证的一种，其特点是将整个团队的签证贴在一张纸上，而不会在护照上有签证记录，所有团队成员必须随团集体出入境。签证费用一般包含在团费内。

中外互免签证协定一览表

持普通护照中国公民前往有关国家和地区入境便利待遇一览表

总体而言，办理旅游签证时，前往东南亚国家的手续较简便，而前往日韩、欧美国家的手续较烦琐，签证费用也相对较高。

### 3. 往来港澳通行证与签注

港澳通行证是由中华人民共和国公安部出入境管理局签发给中国内地居民因私往来香港或澳门地区旅游、探亲、从事商务、培训、就业、留学等非公务活动的旅行证件。

申请赴港澳地区旅游，应填写《中国公民出入境证件申请表》，携带本人身份证及符合《出入境证件相片照相指引》的证件照片到户口所在地公安机关出入境管理部门申请办理《往来港澳通行证》和相应签注。开办个人赴港澳旅游业务城市的常住户口居民，或者符合中华人民共和国出入境管理局规定条件的非常住户口居民，可申请个人赴香港或者澳门旅游，办理赴港澳个人游签注；未开办个人赴港澳旅游业务城市的常住户口居民可办理赴港澳团队游签注，参加文化和旅游部指定旅行社组织的团队赴港澳旅游。

只去香港则申请香港签注，只去澳门则申请澳门签注，如果香港、澳门都去，则两地签注都要申请。

### 4. 保证金

所谓出境游保证金，是指国内组团旅行社在组织旅游者出境旅游时，为了防止旅游者滞留不归，要求旅游者在出团前向组团旅行社交纳一定数量的现金作为担保。旅游者交纳的这些现金即为出境游保证金，只要游客遵守合同条款，在回国后几天内，旅行社必然会将保证金如数返还给游客。《中国公民出国旅游管理办法》规定，严禁旅游者在境外滞留不归。这是法律赋予旅游者的法定义务。只要旅游者和组团旅行社签订出境旅游合同，旅游者就必须履行如期回国的义务。这既是旅游者必须承担的义务，也是组团旅行社必须承担的义务。参照《担保法》相关规定，组团旅行社向旅游者收取保证金的行为完全合法，其行为受到我国法律的保护。

目前，除了前往我国港澳地区和东南亚一些国家外，前往日韩、欧美等国都需要向旅行社缴纳一定金额的保证金，且前往不同国家、不同旅行社、不同资信度的客人收取的额度（人民币3万～20万不等）各有不同。游客参加旅行团，委托旅行社向旅游目的地国家驻华使领馆申请团体旅游签证，组团社对送签的游客必须承担领事馆所赋予的相关责任，地接社需向领事馆和移民局承担担保责任。如果旅行团在境外出现有人滞留当地不归或其他违法行为，领事馆将停止组团社向该国申请办理团体签证的权利，并会根据情节轻重对我国组团社采取相应的处罚措施，处罚措施一般为暂停或者永久停止该组团社办理签证手续等；地接社也将被停止接待中国公民赴该国旅游团的权利，并被处以罚金，甚至会取消其接待我国公民旅游的资格。作为制约措施，组团旅行社会按照不同程度向客人收取履约保证金。

5. 小费

对于出境的跟团游（自由行除外），国内组团旅行社领队一般会在出发的机场按国际惯例向游客当场收取境外服务人员（司机和导游）小费，合同或行程中会标有每天的具体费用，且不包括在团费中。一般来说，东南亚、日韩游每天约为人民币 50 元，欧洲游每天约为 8 欧元，美国游每天约为 8 美元，澳洲游每天约为 8 澳元，我国港澳台地区游每天约为人民币 50~60 元。

◆ 职业操练

（1）同学两两一组，模拟完成出境旅游合同签订过程，并写出对话。
（2）收集本省（直辖市、自治区）的护照和港澳通行证申领政策。
（3）收集本省（直辖市、自治区）的各国签证费用。

# 项目 21　签订赴台湾地区旅游合同

赴台湾地区旅游服务，指相关旅行社依据《旅行社条例》《大陆居民赴台湾地区旅游管理办法》等法律法规，组织旅游者到台湾地区旅游，提供代办旅游签注，代订公共交通客票，安排餐饮、住宿、游览等服务的活动。

◆ 职业场景

宝岛台湾是老李夫妇心仪已久的旅游目的地，他们打算利用中秋小长假去台湾旅游。走进旅行社的门市部，他们发现赴台湾地区旅游线路有很多，在小王的推介下，他们选中了"悠活假期纯台北 4 日 3 晚全景文化游"产品，并当即签订了旅游合同。

◆ 职场解析

一、团队赴台湾地区旅游合同

《中华人民共和国旅游法》（以下简称《旅游法》）于 2013 年 10 月 1 日正式实施，为贯彻落实《旅游法》，2014 年 4 月，国家旅游局会同国家工商行政管理总局联合修订了《大陆居民赴台湾地区旅游合同(示范文本)》，并在 2014 年版示范文本的基础上制定了简化版本。

2016 年修正的《旅游法》又出台了新规定，有关购物的条款将不能出现在赴台湾地区旅游合同中。但与《旅游法》配套的合同示范文本尚未发布，因此，《大陆居民赴台湾地区旅游合同（示范文本）》仍是目前各地方旅游管理部门或旅行社签订旅游合同的蓝本。

大陆居民赴台湾地区旅游合同
（示范文本）简化版本

由于赴台湾地区旅游的操作流程比较特殊，不适用赴港澳地区的《团队出境旅游合同》，而是采用专门的《大陆居民赴台湾地区旅游合同》。

赴台湾地区旅游时，旅行社不得指定具体购物场所。在签订合同时，要特别留意相关行程安排条款。

各地旅游主管部门和工商行政管理部门可以印制和发放示范文本，其他单位或个人不得出于商业目的擅自印制和出售。

## 二、大陆居民赴台湾地区个人旅游注意事项

大陆居民赴台湾地区可参加团队旅，也可申请个人游。

报名团队游的，要参加由文化和旅游部指定的、有经营赴台湾地区旅游业务资质的旅行社组织的旅游团。

开放赴台湾个人旅游城市的常住户口居民，或者符合国家移民管理局规定条件的非常住户口居民，可申请赴台湾地区个人旅游。

（1）参加个人游的，在向组团社咨询旅游相关事宜时，组团社应提供真实可靠的服务信息，介绍台湾地区的基本情况、相关规定和风俗习惯，提示游客在人身和财物安全防范及文明旅游等方面的注意事项。

（2）组团社应建立个人游业务专门台账，落实领导，明确责任。

（3）大陆居民赴台湾地区个人旅游，必须按照《中华人民共和国海关对进出境旅客行李物品监管办法》及有关规定，办理随身携带的行李物品通关手续。

（4）大陆居民赴台湾地区个人旅游，应当妥善保管旅行证件。证件一旦遗失或被盗抢，应立即通过当地旅游热线报告"海峡两岸旅游交流协会"。

（5）大陆居民赴台湾地区个人旅游，应当遵守台湾地区的相关规定，尊重当地的风俗习惯，注意言谈举止文明。

（6）大陆居民赴台湾地区个人旅游，应注意保护自我，严格遵守游览地的安全管理要求，服从管理。遇到自然灾害和其他突发事件时，应在尽可能自救的前提下，及时通过当地旅游热线电话寻求营救保护，服从台湾地区有关方面的处置指挥，并经由"海峡两岸旅游交流协会"台湾办事处进行沟

通协调。

2019年7月31日，文化和旅游部发布《海峡两岸旅游交流协会关于暂停大陆居民赴台个人游试点的公告》，决定自2019年8月1日起暂停47个城市大陆居民赴台湾地区个人游试点。

### 三、《往来台湾通行证》的申领和签注

大陆居民赴台湾地区旅游时，应填写《中国公民出入境证件申请表》，携带本人身份证及符合《出入境证件相片照相指引》的证件照片到户口所在地公安机关出入境管理机构申请办理《往来台湾通行证》和相应签注。

办理团队旅游多次签注的，要提交组团社出具的公函，交验赴台湾地区旅游领队证原件。团队游可签发3个月一次有效签注，个人游可签发6个月一次有效签注。

台湾阿里山旅游小火车

**职业操练**

（1）同学两两一组，模拟完成赴台湾地区旅游合同签订过程，并写出对话。

（2）收集本省（直辖市、自治区）的《往来台湾通行证》申领政策。

# 项目22　签订单项委托合同

单项委托服务，是指旅行社向个人或团体客户提供经营服务范围内各种按单项计价的可供选择的服务。

◉ 职业场景

> 临近春节，前来咨询长假期间出游的客人络绎不绝。某位客人走到了小王就座的柜台前，提出了他的要求：打算正月初二乘火车出发，带父母家人（共 4 个成人、1 个小孩）去香港自由行，火车票由他自行购买，港澳通行证也自行办理，但希望旅行社帮助预订 3 晚的酒店住宿。在小王的推介下，客人选中了位于铜锣湾附近的某酒店，于是小王与其签订了单项委托合同。

◉ 职场解析

旅行社提供的单项委托服务主要有：
（1）抵达、离开接送服务。
（2）行李提取和托运。
（3）代订饭店。
（4）代租各类车辆。
（5）代订、代购、代确认交通票据。
（6）代办入境、出境、过境临时居住和旅游签证。
（7）代办会务组织。
（8）提供目的地导游服务。
（9）代办各类门票、演出票、赛事票等票务服务。

目前，文化和旅游部尚未颁布有关旅行社单项委托服务的统一示范合同文本，有部分省市旅游主管部门出台了相关示范文本。以下为《杭州市单项委托合同（示范文本）》，各旅行社可参照执行。

杭州市单项委托合同
（示范文本）

◉ 职业操练

（1）同学两两一组，模拟完成单项委托合同签订过程，并写出对话。
（2）收集本地区的单项旅游委托合同。

# 项目 23　收取费用及开具票据

签订好旅游合同后,门市服务人员的后续工作就是向客人收取相关费用,并为其开具发票。假如客人是预付定金的话,则开具收据,待付清全部费用后再开具全额发票。

◆ 职业场景

　　经过 3 个多月的门市前台接待岗位实习,小王已能驾轻就熟地完成前台咨询、推介和签约等工作。为了进一步培养和锻炼小王,师傅赵老师又安排其轮岗至收银岗。临近旅游旺季,门市销售非常红火,客人签约后由接待人员领至收银处,办理相关缴费业务。收银岗位人手不多,小王一会儿收取现金,一会儿刷银行卡,一会儿微信支付宝扫码收款,一会儿开具发票,忙得不亦乐乎。

◆ 职场解析

旅行社收银是一项细致复杂的工作,时间性和业务性要求都很高,要求收银员具备较强的财务观念和较高的职业道德水平,熟练掌握收银工作技巧和操作程序,具备友善和蔼的服务态度,养成细致耐心的工作习惯。

### 一、收银员工作纪律规范

(1)严格履行交接手续。交接班时要与关系责任人当面清点发票、款项、钥匙。办理交接表手续时,按要求准确填写并签字。

(2)专人负责,严禁空岗。收银工作必须由专人负责,不得交给与收银工作无关的人代管。严禁收银员工作时间擅自离岗。

(3)账款相符。收银账目与收入款项必须相符,出现错账、长短款的必须立即查明原因。

(4)先收后付,禁止交叉。收款程序是先接受客人交付的款项或平整单据,待结算完毕后将需要交给客人的材料一次交清,不得先付后收。不得同时处理两笔账务。

(5)严格汇报总结制度。出现错误及时汇报,迅速处理,认真总结,并定出补救或改正措施，以防后患。

（6）公私分明，廉洁守法。不得将个人钱财与公款混放，不得私吞、私借、贪污收银款项，不涂改、销毁收银凭证。

（7）临危不惧，以稳治乱。遇到意外事件（特别是恶性犯罪）时应尽量保持冷静、迅速报警、争取援助，确保个人人身及收银款项、凭证完好。

（8）环境简洁，防止火灾。收银环境尽量简洁，不将与收银工作无关的物品带入或存放于收银场所。应随时打扫卫生，不随意丢弃废纸，严禁将纸质物品放在电器上，以消除火灾隐患。当发现客人在附近吸烟时，有责任及时劝阻并告知其到吸烟区吸烟。客人当场熄灭香烟时要确保烟蒂已熄灭，以防引发火灾。

（9）规范服务，礼貌待客。收银员应依照工作程序和要求提供服务，要主动热情、微笑服务，必要时应提供帮助。

## 二、收银员语言服务规范

收银员要灵活运用"您、请、欢迎、对不起、没关系、谢谢、再见"等14字文明礼貌用语。

（1）招呼用语。客人付款时一般由签约接待人员陪同前往，收银员要向客人打招呼问好，对客人统称"您"，也可用各种尊称。打招呼的时机和方式要恰当。

（2）交易用语。交易用语是收银员在收银过程中使用的专业语言，是服务的关键环节。收银员要注意语言艺术、说话技巧，不使用夸张语言及各种令客人不快的语言。

（3）致谢致歉用语。对客人付款给予的合作、支持表示感谢；对操作过程中让客人等候及操作失误等要表示歉意。可以说"对不起，让您久等了""麻烦您签个字""请您核对下""请原谅"等。

（4）道别用语。接待客人要有始有终，收银结束后，应热情道别，如"欢迎您再来""谢谢，您慢走"等。

## 三、收银员工作流程及服务要点

| 工作流程 | 工作内容 | 服务要点 |
| --- | --- | --- |
| 准备阶段 | 仪表仪容仪态准备 | (1) 制服：按季节着规定制服，始终保持制服整洁、无污渍、无缺扣、脱线，行走和站立时应扣起扣子<br>(2) 标准坐姿：上身自然挺直，挺胸，双膝自然并拢，双肩自然平正，两臂自然弯曲，将双手放在双腿上或收银台面上，掌心向下。脊背轻靠椅背。精神饱满，表情自然，面带微笑，双目平视 |

| 工作流程 | 工作内容 | 服务要点 |
|---|---|---|
| 准备阶段 | 工作用品准备 | (1) 查锁：检查收银台锁有无他人动过的迹象。如有被破坏痕迹，要注意保护现场，并立即向主管汇报<br>(2) 备零钱：每天开业前应备足当天所需现金或零钱。在营业时间不应出现找不开钱的情况<br>(3) 备单据：应将本班次所需单据如发票、收据等准备充足<br>(4) 备收银用具：将当日收银所需用具准备妥当，给印盒添印油，更换当天收讫章日期，备好客人用笔，给海绵壶充水，检查打印机内打印纸的余量等<br>(5) 检查收银设备：检查收银机、POS机、计算机、网线、电话、电线等的通电和运行情况<br>(6) 检查环境：检查照明灯、环境卫生等 |
| 等候阶段 | 无客人临柜时，可以小范围清洁卫生，整理收银用品，核对账目等，并随时做好恭候客人光临的准备 | |
| 接待阶段 | 客人临柜服务 | 客人临柜，立刻停止手中与接待无关的工作，主动向客人行注目礼，微笑并问好<br>(1) 主动：客人距自己5米之内关注客人，3米之内主动与客人眼神接触，1米之内主动向客人打招呼<br>(2) 目光：目光要始终关注客人，表情自然，眼神温和，给人亲近感<br>(3) 微笑：始终向与自己目光相遇的客人微笑，表达主动服务的意愿<br>(4) 起身：客人离收银台3米后，起身，1米之内向客人问候<br>(5) 问好：可根据时间、节日问候客人，如"先生，早上好！""节日快乐"等 |
| | 收银受理服务 | 首先从客人或其他接待人员手中礼貌地用双手接过付款单、旅游合同财务联或销售财务联等收款单据，核算收款总金额，口头与客人或接待人员核实收款金额和收款项目，并征询支付方式、折扣优惠等内容，收款项目与金额不符或存在疑问时，要及时提出，并请示主管 |

| 工作流程 | 工作内容 | 服务要点 |
|---|---|---|
| 接待阶段 | 钱卡处理服务 | **现金支付**<br>(1) 双手接过现金，立即进行点钞工作，人工点钞和点钞机二次点钞，点钞完毕，唱收金额："一共收您××元"<br>(2) 点钞的同时要注意辨识钞票真伪，可通过手摸、眼看、耳听和检测等方法来识别<br>❖ 眼看：仔细观察票面外观颜色，固定人像水印、安全线、胶印缩微文字、红色和蓝色纤维、隐形面额数字、光变油墨面额数字、阴阳互补对印图案、横竖双号等<br>❖ 手摸：依靠手指触摸的感觉来分辨人民币的真伪<br>❖ 耳听：通过抖动使钞票发出声响，来辨别人民币真伪<br>❖ 检测：借助一些简单工具和专用仪器进行钞票真伪识别<br>(3) 发现可疑钞票时，婉言请客人调换<br>**银行卡刷卡**<br>(1) 各类银行卡只限本人使用不得出借转让；信用卡具有透支功能，且有使用有效期；借记卡不能透支；刷卡时需输入密码并核对签名<br>(2) 双手接过银行卡后应先查验银行卡，检查卡片正面凸印的内容和图案是否完整无缺，有无涂改、打孔、剪角、损坏现象；银行卡片背面签名栏上须有持卡人预先签名，如无签名可以拒收。签名栏上签名如是中文，应与卡片正面凸印的持卡人汉语拼音名相符，如明显不符，应拒绝受理 |

| 工作流程 | 工作内容 | 服务要点 |
|---|---|---|
| 接待阶段 | 钱卡处理服务 | (3) 刷卡交易成功后，POS 机会打印出一式三联的交易凭证：第一联是商户存根联（必须有客人签名，由收银员保管，与结算单订在一起）；第二联是银行存根联（收银保管，粘在报表中）；第三联是持卡人联（完成刷卡后交客人）。经持卡人签名的 POS 交易凭证应被视作现金保管。POS 交易凭证有效保管期为两年，以备银行调单之用<br>(4) 用双手将需要客人签名的交易条递给客人，并礼貌地说："麻烦您核对签名"。签名笔一般放在柜台显眼处。客人签名后收银员应核对签名，POS 凭证上的签名和卡片上的预先签名必须保持一致<br>(5) 核对金额，发现有误须立即做撤销交易，然后重新刷卡<br><br>微信、支付宝等线上方式支付<br><br>(1) 输入收款金额<br>(2) 请客人出示付款码<br>(3) 扫码收款，核对金额 |
|  | 开具发票服务 | (1) 发票是指在购销商品，提供或者接受服务及从事其他经营活动中，开具、收取的收付款凭证。<br>(2) 开具发票应当按照规定的时限、顺序，逐栏、全部联次一次性如实开具，并加盖单位财务印章或发票专用章<br>(3) 目前旅游业通用机打发票，发票内容大致有发票代码、发票号码、开票日期、行业分类、税控码、付款单位（个人）名称、收款方编码、收款方名称、收款项目（明细）、收款金额、开票人等。收银员日常开具发票时一般只需输入付款单位（个人）名称、收款项目（明细）、收款金额等内容即可，其他项目开票软件均会自动输入 |

| 工作流程 | 工作内容 | 服务要点 |
|---|---|---|
| 接待阶段 | 开具发票服务 | (4) 输入开票信息前需询问客人："请问发票抬头开个人还是单位？"是个人的话，直接输入客人姓名；是单位的话，则要详细问问单位名称和纳税人识别号。必要时请客人出具单位开票信息或手写在纸条上："麻烦您写下您的姓名（单位名称）"<br>(5) 在确认开票信息无误后，即可打印发票<br><br>（发票样本图） |
| | 钱单找回服务 | 开具发票后，收银员要将找零、银行卡、POS 交易凭证、发票等用双手递给客人，并提醒客人核对保存："这是您的……""请您核对""注意收好" |
| | 送客离柜服务 | (1) 若没有其他客人等候，则起身向客人道谢、道别，微笑目送客人离去（视线范围3~5米）<br>(2) 如有其他客人等候，应礼貌地向面前的客人道谢或道别，并邀请下一位客人上前办理业务<br>(3) 送客用语主要有："谢谢！""请慢走！""欢迎下次光临！" |
| 后续阶段 | | 客人离柜后，应视情况及时整理收银台面、钱款、POS 交易凭证等，做好接待下一位客人的准备。时间许可的情况下，可以及时填写"一日营业款收支汇总表" |

 **职业操练**

（1）利用点钞机进行点钞练习。
（2）观察某收银柜台的收银工作，记录下用银行卡收银的服务过程。
（3）收集一些服务业的发票，进行比较分析，记录主要的打印内容。
（4）同学两两一组，模拟完成现金和支付宝的收银过程，并写出对话。

# 单元❼ 行前通知

> 行前通知服务是将出行时间安排、往返交通工具班次时间、集合地点、目的地情况、安全注意事项等具体出行内容告知客人。行前通知服务因旅游产品操作不同而各有不同,有些旅行社由计调部门人员负责行前通知。

## 项目24 国内游行前通知

在《团队境内旅游合同(示范文本)》中没有严格规定国内旅游出行前旅行社必须进行行前通知,但是,为了保障旅游者对行程安排的充分知情权,示范文本中还是规定了旅行社要"在出团前如实告知具体行程安排和有关具体事项,具体事项包括但不限于所到旅游目的地的重要规定、风俗习惯、安全避险措施、应急联络方式""对可能危及旅游者人身、财产安全的事项和须注意的问题,向旅游者做出真实的说明和明确的警示。"

### ✎ 职业场景

完成了一个月的门市收银岗位的实习,从这个月起,小王又被调入客服岗位,和部门的同事共同负责旅行社所有团队的行前通知工作。这周起,他首先跟随王师傅负责国内团队的行前通知工作。正好前些天老李夫妇报名参加的海南旅游团队行程安排已经全部落实完毕,王师傅便让小王去负责这个团队的行前通知工作。

## 职场解析

### 一、不同团控状态下行前通知的区别

国内游行前通知服务环节通常分为三种情形：

（1）针对自组成团产品，或已经达到成团人数的散客拼团产品，出行时间和往返交通班次都已确定的情况下，门市服务人员会在客人签订合同时或合同签订完毕后，当场向客人进行行前通知。

（2）尚未达到成团人数的散客拼团产品，门市服务人员会在成团和具体行程落实后，将相关的行前通知通过各种途径告知客人。

（3）组团成功，但个别行程安排尚未落实，如由于飞机、火车等交通工具的票务原因没有确定具体的班次，门市服务人员会在所有行程安排落实后，再将行前通知的具体内容通过各种途径告知客人。

由于上述情况的存在，因此在旅游合同中一般都会有成团人数、不成团、拼团和转团方面的约定。

当旅游目的地出现不可抗力因素，如自然灾害、罢工或动荡局势，预计会对游客出行造成影响时，门市服务人员还会按照计调人员的指示，发出临时行前通知，告知可能出现的意外情况，甚至通知延期发团。

### 二、行前通知的形式

行前通知的形式主要分两种：

一种情况是在客人签订旅游合同的同时，当场向客人进行行前通知，其具体内容会显示在《旅游行程单》中，或者单独打印《××团队行前通知书》或《××团队旅游出行注意事项》等书面材料。对关键内容，门市服务人员会口头重点强调。

另一种情况是在客人签订旅游合同后，等计调和票务人员将具体行程安排全部落实，再由门市人员通过电话、微信、电子邮件、信件寄送或邀请旅游者上门领取等方式进行行前通知。对于重要客人或单位公司团队客人，一般由客服或销售人员前往客人所在地，携带《××团队行前通知书》或《××团队旅游出行注意事项》等书面材料，亲自登门进行行前通知。

### 三、行前通知的内容

对于自组成团产品，在组团的同时旅行社计调人员就基本落实了行程安排；对于散客拼团产品，在旅游者签订旅游合同后，相关产品的行程安排工作就会转入旅行社后台交由计调人员操作，待计调人员落实之后，旅行社才会安排服务人员将具体的行程安排通知客人。

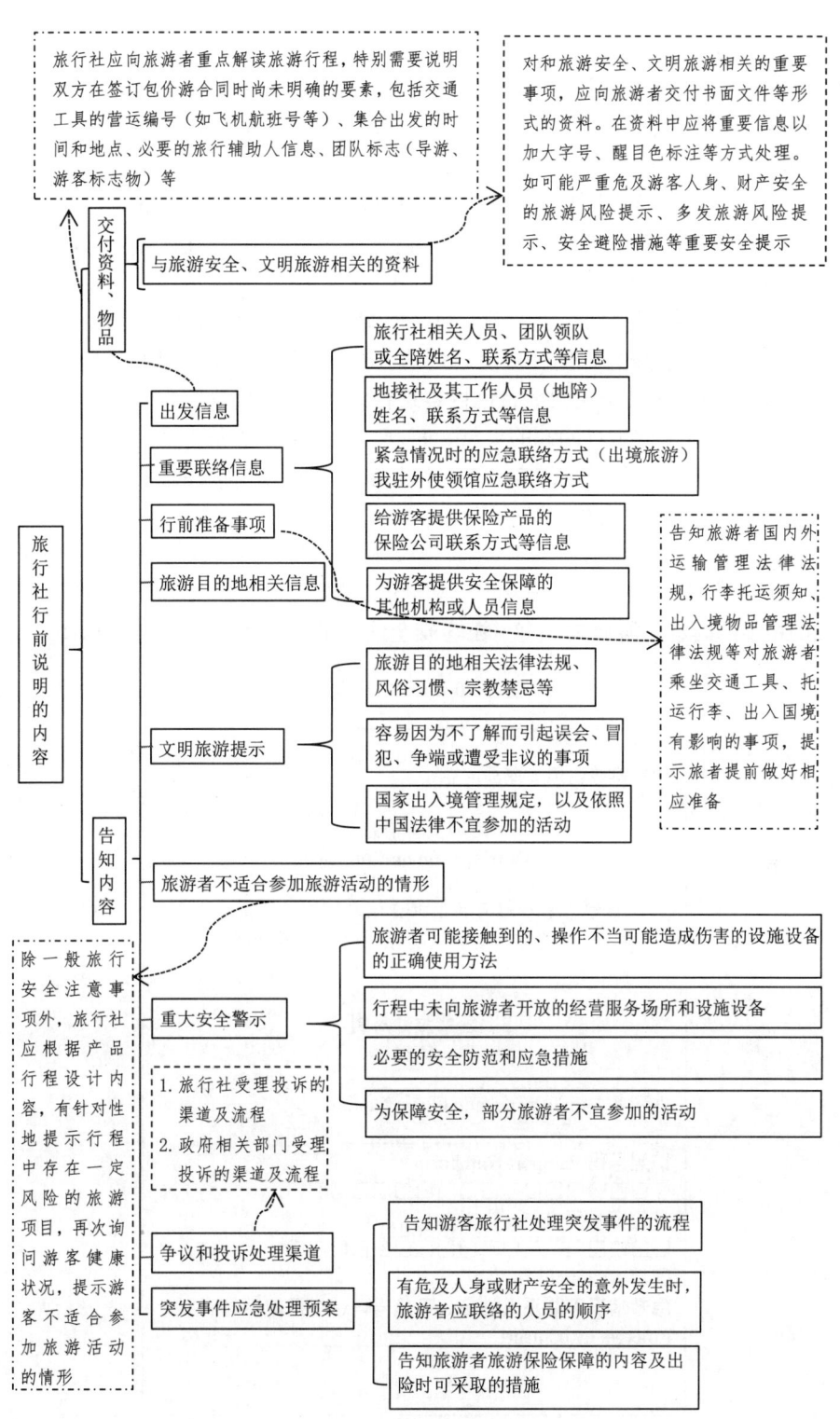

旅行社行前通知内容一览

国内游行前通知的主要内容：

（1）旅行团的具体出发时间及集合地点。

（2）出发交通工具的航班或车次、起飞或发车时间，需要提前抵达的时间。

（3）全陪导游员的相关信息，包括姓名、性别、联系方式等，对于特殊或重要团队，可以介绍得更具体全面些，以便说明旅行社在导游选派方面的针对性和专业性。

（4）具体详尽的行程安排，包括旅游的食、住、行、游、购、娱六要素等。假如行程安排已附在旅游合同的《旅游行程单》中，则可在行前通知时省略，或挑选其中重要或特色内容进行说明。

（5）前往旅游目的地的天气、特产、风俗习惯等基本情况。

（6）对可能危及旅游者人身、财产安全的事项和须注意的问题，向旅游者做出真实的说明和明确的警示。

（7）发放旅行纪念品（如太阳帽、旅行包等）和安全信息卡，并请旅游者亲笔填写其中的个人信息(包括旅游者的姓名、血型、应急联络方式等)。2016 年，国家旅游局制定有《游客安全信息卡》参考式样，如下所示：

（正面 90 毫米×110 毫米）

外出旅游，随身携带

游客安全信息卡
Tourist Information Card

（请游客自行填写并根据身体实际情况选择打钩.
本卡篇幅有限，游客可另纸说明，并随身携带）

国家旅游局制
CNTA

姓和名 Family name and Given Name：
_____ _____
护照号码 Passport Number：
□□□□□□□□□□□□
身份证号码 ID card number：
□□□□□□□□□□□□□□□□□□
国籍 Nationality：_____
急救情况下联系人姓名、手机号码、备用电话号码
Emergency contact：_____

（背面 90 毫米×110 毫米）

```
血型 Blood type ： A☐ B☐ O☐ AB☐ 其他_____
过敏史 Allergy history：
抗生素类药物 antibiotic☐  磺胺类药物 sulfu☐
破伤风抗毒素 tetanus antitoxin☐
麻醉用药 stupefacient☐   镇静安眠药 phenobarbital☐
其他_____
既往疾病 Formerly medical history：
恶性肿瘤 tumor☐    糖尿病 diabetes☐
心血管病 cardiovascular disease☐
高血压 high blood pressure☐
癫痫 epilepsy☐   精神疾病 psychopathy☐
其他_____

可使用的商业保险 Commercial insurance company name：
_____
_____

特别说明：_____
_____
_____持卡人签字：
```

（8）告知本旅行社的紧急联系人和联系电话，地接社名称、紧急联系人和联系电话。

（9）解答参团者的各种疑问。

不同国内游产品及不同旅行社制定的行前通知单在式样、内容方面各有不同，但大多包含上述内容。

国内游行前通知单
示例

### 职业操练

（1）撰写一份针对海南三亚海岛游的国内旅游行前通知单。

（2）同学两两一组，模拟门市服务人员与旅游者之间通过电话和邮件进行行前通知的过程。

（3）同学两两一组，模拟门市服务人员与旅游者面谈进行行前通知。

# 项目25　出境游行前通知

在《团队出境旅游合同（示范文本）》和《大陆居民赴台湾地区旅游合同（示范文本）》中都明确规定了在旅行团出行前，必须召集参团旅游者，召开行前说明会，布置说明出行的具体安排和注意事项。

### 职业场景

从本周起，小王开始在出境游客服岗实习。与国内游的行前通知不同，出境游的行前通知一般会专门安排说明会，小王需要确定说明会的时间、场地，印制《行程表》和《行程须知》。当他看到其他同事制作的出境游《行程须知》样稿时，发现不同国家的《行程须知》各有不同，它会随着不同国家和地区的签证、海关、汇兑、民航等规定的变化及新的出境游线路的开发而不断修改变化中。门市客服人员要及时掌握最新的旅游出行须知，这对小王来说具有很大的挑战性。

### 职场解析

相对国内旅游而言，出境旅游（包括国外及港澳台地区）在行程安排、出入境手续、携带行李、外汇兑换、境外小费、重要规定和风俗习惯等方面都有比较复杂的约定，其行前通知不像国内游那样简单、便捷。对于普通旅游者尤其是首次出境游的客人而言，有必要在出团前召开比较正式的说明会，向他们当面说明相关事宜。

#### 一、召开出境游行前说明会的时间

与国内游的行前通不同，出境游的行前说明会一般安排在出境签证（外国）、签注（港澳台）办理完成和所有行程安排落实之后。此外，为了方便旅游者做好出境准备，如兑换好外币、开通手机境外漫游等，还应在距离出行至少一周的时候召开说明会。

#### 二、出境游行前说明会的准备

召开说明会需要安排好主持人，落实开会场地，通知客人，印制资料。

说明会主持人一般由组团社的工作人员担当。不同旅行社的行前说明会可能由不同的部门承担，有的由门市客服人员担任，有的由计调部门客服人员担任，也有的由旅游团的领队担任。

说明会一般设在旅行社旗舰店或主要门市营业部的后台，能容纳30～40人，有多媒体演示、话筒等扩音设备，能提供简单的茶水服务。

落实好场地等相关事宜后，一般由客服人员电话通知客人参加说明会，也有在客人签订合同时就当场告知开会时间的。

说明会仅靠主持人的讲解是不够的，还要印制书面材料发放给与会者，方便与会者阅读、携带，参照要求做好出行准备。现在通行将说明会材料制作成WORD文本或PDF文件，通过电子邮件、微信群、QQ群等发送电子文本。有些旅行社还会准备一些旅游纪念品赠送给客人，如太阳帽、旅行包、纪念T恤等。

对于重要客人或集体客人，则由专门的客服或销售人员前往客人所在地，携带书面的出行说明书及旅游纪念品等，亲自登门说明。

### 三、出境游行前说明的主要内容

根据《团队出境旅游合同（示范文本）》和《大陆居民赴台湾地区旅游合同（示范文本）》的要求，出团前召开说明会，应把根据《计划书》细化的《行程表》和《行程须知》发给旅游者，如实告知具体行程安排和有关具体事项，具体事项包括但不限于所到国家或者地区的重要规定和风俗习惯、安全避险措施、境外小费标准、外汇兑换事项、应急联络方式（包括我驻外使领馆及出境社境内和境外应急联系人及联系方式）。

根据旅行社出境游说明会的实际情况，说明会还应包括下列内容：

（1）旅行团具体出发时间及集合地点。
（2）出发交通工具的航班或车次、起飞或发车时间及提前抵达的时间。
（3）领队的相关信息，如姓名、性别、联系方式等。
（4）具体详尽的行程安排，包括旅游的食、住、行、游、购、娱六要素等。假如行程安排已附在旅游合同的《旅游行程单》中，则可在行前通知时省略，或挑选其中重要或特色内容进行说明。
（5）旅游目的地的天气、特产、风俗习惯等基本情况，以及当地的电压、电器插座类型、酒店是否提供洗漱用品、酒店和行程中的自费项目、时差、货币兑换、通信、购物退税、外事礼仪等。
（6）对可能危及旅游者人身、财产安全的事项和须注意的问题，向旅游者做出真实的说明和明确的警示。
（7）发放填写《游客安全信息卡》。
（8）出入境行李及物品携带规定。
（9）解答参团者的各种疑问。

行业标准-旅行社行前
说明服务规范

# 出境游行前说明会组织流程

## 告知并获得旅游者确认
旅行社应在合同签署时告知旅游者行前说明服务提供的方式、时间等信息，并申明服务的重要性，促使旅游者参与

## 获得旅游者参与记录
行前说明服务过程中，旅行社应获取旅游者的签字证明或其他形式的到场记录

## 宣讲及交付相关资料

- 向旅游者说明出境旅游的有关注意事项，如天气、时差、外汇兑换、电源电压规格、境外流量资费（Wi-Fi）等

- 向旅游者发放《出境游行程表》、团队标识和《旅游服务质量评价表》等

- 宣讲相关的法律法规知识及旅游目的地国家的风俗习惯

- 向旅游者详细说明各种由于不可抗力、不可控制因素导致组团社不能（完全）履行约定的情况，以取得旅游者谅解

### 出境游行程表内容
- ✓ 旅游线路、时间、景点
- ✓ 交通工具的安排
- ✓ 食宿标准/档次
- ✓ 购物、娱乐安排及自费项目
- ✓ 组团社和接团社联系人及联系方式
- ✓ 遇紧急情况的应急联络方式

## 答疑
就旅游者提出的与产品或服务有关的问题，旅行社服务人员予以解答。采取非见面服务形式的，可由旅行社在团队出发前按约定方式对旅游者提出的疑问予以解答

## 存档
旅行社应指派专人对行前说明服务过程中的重要资料、记录进行整理、存档。存档要求应符合《中华人民共和国旅游法》对旅游者资料保存的相关规定

**四、海关有关规定**（请游客务必仔细阅读）

（1）关于物品申报。进出境旅客携带《旅客行李申报单》所列需向海关申报物品的，应在《旅客行李申报单》相应栏目内如实填报，在通关时选走申报通道，并将有关物品交海关核验，办理有关手续。

进出境旅客行李物品申报单

（2）关于免税额度。进境居民旅客携带在境外获取的个人自用进境物品，总值在5000元人民币以内（含5000元）的；非居民旅客携带拟留在中国境内的个人自用进境物品，总值在2000元人民币以内（含2000元）的，海关予以免税放行，单一品种限自用、合理数量，但烟草制品、酒精制品及国家规定应当征税的20种商品等另按有关规定办理。进境居民旅客携带超出5000元人民币的个人自用进境物品，经海关审核确属自用的；进境非居民旅客携带拟留在中国境内的个人自用进境物品，超出人民币2000元的，海关仅对超出部分的个人自用进境物品征税，对不可分割的单件物品，全额征税。

（3）关于免税烟酒限量。香港、澳门地区居民，以及因私往来香港、澳门地区的内地居民，免税香烟200支，或雪茄50支，或烟丝250克；免税12%VOL以上酒精饮料限1瓶（0.75升以下）。其他旅客，免税香烟400支，或雪茄100支，或烟丝500克；免税12%VOL以上酒精饮料限2瓶（1.5升以下）。不满16周岁者，不享受上述免税额度。

（4）国家规定应当征税的20种商品。对电视机、摄像机、录像机、放像机、音响设备、空调器、电冰箱（电冰柜）、洗衣机、照相机、复印机、程控电话交换机、微型计算机及外设、电话机、无线寻呼系统、传真机、电子计算器、打字机及文字处理机、家具、灯具和餐料（指调味品、肉禽蛋菜、水产品、水果、饮料、酒、乳制品）等20种商品进口时，应严格按照《中华人民共和国进出口税则》税号进行认定，并征收进口关税和进口环节增值税。

（5）关于货币现钞限量。中国公民出入境、外国人入出境每人每次携带的人民币限额为20000元。出境人员携带不超过等值5000美元（含5000美元）的外币现钞出境的，海关予以放行；携带外币现钞金额在等值5000美元以上至10000美元（含10000美元）的，应向外汇指定银行申领《携带证》，携带超过等值10000美元的外币现钞出境，应向外汇局申领《携带证》。

## 五、港澳游行程表和行程须知

不同旅游目的地的出境游产品及不同旅行社的行前通知在基本内容方面大致相同,但各有侧重。

港澳游出团通知示例

1. 旅行证件须知

(1)《往来港澳通行证》及签注为游客自行办理的,请确保《往来港澳通行证》及签注同时有效(前往港澳旅游需持有港澳两地有效签注)。

(2)如因证件过期、没有签注、签注过期、签注已用、签注不全、团队旅游 L 签注未提前告知等情况导致不能出境或产生的任何损失将由游客自行承担。持团队旅游"L"签注的游客报名时需明确告知,办理登机牌需出示《名单表》,边检需按《名单表》顺序排队过关。

2. 机场须知

◆ 集合登机

(1)请充分考虑天气和路况情况,以免迟到或误机,特别在下雨、下雪、大雾等特殊天气情况下,以及旅游黄金周期,要提前出门。

(2)办理完登机手续的游客请自行或跟随领队办理出境手续,由于机场较大,特别要注意登机时间,按规定时间提前到达登机口,以免误机。

◆ 托运行李

(1)行李超过规定尺寸或重量的必须托运。超大超重的行李要自付费。经济舱的旅客可免费托运 20 千克行李,公务舱乘客可免费托运 30 千克行李。手提行李不能太多、太大。

(2)请勿托运如现金、信用卡、珠宝、相机等贵重物品,祖传物品、商务文件等不可取代的物品,旅行证件、急救药品等随用物品,玻璃器皿等易碎物品。

(3)超过 100 毫升的液态物品、管制刀具以外的利器或钝器等请务必托运。

(4)请保管好行李牌,以便提取行李或办理相关事宜。

(5)请不要帮陌生人提行李、抱孩子等,以防被不法分子利用。

◆ 海关须知

(1)文物、濒危动植物及其制品、生物物种资源、金银等贵重金属需要申报检验。

（2）人民币现钞超过20000元，或外币现钞折合超过5000美元需申报。

（3）超过5000元的照相机、摄像机、手提电脑等旅行自用物品需申报。

（4）携免税品入关的，可携带免税香烟400支，500毫升白酒1瓶（具体详见海关相关规定）。

3.酒店须知

（1）港澳酒店多为美式酒店，但无星级标志；房间面积较小，店内没有牙膏、牙刷、拖鞋等个人卫生用品，请自行携带。

（2）酒店内有收费电视，若有观看，离店时请到前台付费。

（3）客房小冰箱内的食物不含在团费中，如已享用，请离店时到前台付费。

（4）使用房间内电话拨打市内、长途电话请自付费。

4. 用餐须知

（1）普通团体餐餐食一般。

（2）团体餐为七菜一汤（特色餐除外）。

（3）自助餐请少拿多取，拒绝浪费。

5. 货币及购物须知

（1）港澳地区通用港币（HK$），人民币在香港许多商店可以使用，银行、酒店、找换店均可兑换港币，银联、VISA等银行卡均可在香港使用。

（2）香港是名副其实的购物天堂，珠宝、名表、化妆品、名牌服装物美价廉。在有"香港旅游业协会"或"香港零售管理协会"标志的商店购物较有保证。

（3）居民旅客携带在境外获取的个人自用进境物品总值在5000元以内（含5000元）的，海关予以免税放行。烟草制品、酒精制品、照相机、摄像机等20种商品不在免税范围内。

6. 小费须知

（1）团队旅游请按国际惯例支付境外小费，小费由领队代收。

（2）自费活动为游客自愿参加而需另行付费的项目，如不参加推荐自费项目，则安排车上等候或指定地点自由活动。

（3）港澳地区餐厅一般加收10%~15%服务费（团队餐厅已含），享受额外服务的，如服务生送行李等，应适当支付小费。

7. 电子通信须知

（1）国际漫游通话费较贵，在港澳地区使用手提电话请咨询中国移动或中国联通是否开通国际漫游。

（2）购买当地电话卡则通信费相当低廉。

（3）港澳地区酒店插座均为英标插座，相当于内地宽项插座。

8. 安全须知

◆ 人身安全

（1）自由活动期间要结伴而行；出门要带酒店卡片（上面有酒店的名称、地址、电话）和紧急联系电话；回到酒店要向及时领队报告；不去不熟悉的场所。

（2）港澳地区的行人和车辆多为左侧行驶，与内地相反，行走时要注意交通安全，并遵守交通规则。

（3）在海洋公园和迪士尼游览的，如有心脏病、高血压及恐高症者，不能玩过山车等刺激项目，其他项目请量力而行。

◆ 证件安全

（1）通行证是游客在境外唯一有效的身份证明，丢失证件将是最大的麻烦。一般情况下，团队客人的证件交由领队统一保管。但在出入各移民局、通过海关及乘坐飞机时，证件须由客人自己保管。丢失通行证将不能继续随团旅行，还要自费到内地驻港机构办理临时证件，费时费力。

（2）所有进出港澳地区的团队要全部做香港、澳门两地的签证。

◆ 财产安全

在外活动时，要随身携带钱款和其他贵重物品，不要放在旅游车内；入住酒店也应随身携带钱款和贵重物品，或存入保险箱内，出门时不要放在房间内；在餐厅、商场、酒店大堂、机场等公共场所要格外注意自己的财物和证件安全，团友要相互照看本团队行李和物品，以防被盗、被劫。

9. 文明旅游

（1）遵守乘机守则，遵守当地法律，尊重当地风俗习惯和宗教信仰。

（2）在公共场合请勿随地吐痰或吸烟，否则将罚款港币 500~1500 元不等。请到指定地方吸烟。

（4）不围观、不参与境外反华宣传活动，不接受派发的反华资料光碟等，不与陌生人拍照。

## 六、东南亚游行程表和行程须知（以泰国普吉岛旅游为例）

1. 出入境及海关须知、卫生检疫

（1）请勿在边检、海关区域摄影、拍照，以免器材被扣留。

（2）根据海关规定，每人可携带 20000 元人民币及价值 5000 美元的外币出境。

（3）回国时严禁携带动植物、未经检疫的水果及政治性书刊、色情书刊和光盘等入境。

（4）出入境时请勿帮他人携带物品，以免被不良分子利用。

（5）回国入境时，请按规定限量携带烟酒，否则会被罚款。

2. 登机手续，行李托运

（1）按民航规定，每位游客只能携带一件行李登机，其他行李均需托运。大拉杆箱必须托运，每人仅限托运20千克行李。

（2）切勿将贵重物品、钱、证件等放在行李中托运。为了财产安全，请给托运的行李上锁。

（3）飞机的座位由航空公司按姓氏拼音字母顺序排定，因此同一团队的游客不一定被安排在相邻座位上。就整架飞机而言，团队通常会被安排在机舱中后部及尾部。

（4）安检时，可随身携带100毫升液体物品。安检人员可能要求打开液体物品进行检查，因此请勿随身携带易拉罐食品或饮品。严禁携带酒精类制品及易燃、易爆等化学物品登机，而且即使办理了托运手续，也会被航空公司拒绝。

（5）尖锐物品如修眉钳、指甲锉、剪刀、小刀、剃须刀等必须托运。如果随身携带，会被暂扣或没收。打火机既不能随身携带也不能托运，所以请不要携带名贵打火机。

3. 自备物品

（1）为了节约资源，做好环保工作，团队酒店多数不提供一次性用品，出行前请带好牙刷、牙膏、梳子、毛巾、拖鞋、洗发水等洗漱用品。

（2）请准备游泳装、晴雨伞、太阳镜、防晒霜、笔（需填表格）、晕车药及其他常用药品。

（3）请准备一件长袖外套或薄披巾，在晚间行车时用以防寒。

4. 货币、购物、自费、小费

（1）建议出发前拟订一个消费计划。

（2）东南亚许多国家可在导游处兑换外币，行程结束时如有多余，可按相同汇率换回人民币。

（3）购物自由，如有购物欲望，建议谨慎购物，认真比对货品质量、价格及生产地。

（4）如有意购买高档耐用物品，请务必要求店家开具发票。发票是英文的，请与店家确认英文所表达的准确含义与所购买的物品是否相符。

（5）考虑到货币的流通性及携带的便利性，除人民币外还可携带一些美元。

（6）参加自费项目时，由于涉及用车、用餐等问题，请尽可能选择相同的项目进行参观、游览。

（7）东南亚国家如泰国是一个小费王国，很多地方均需要支付小费。如每天起床压在枕下的小费、与人妖合影的小费、坐船给船家的小费等。小费的起付点为20泰铢。如晚间外出吃夜宵，在支付完餐费后，请再额外给服务生 10%或至少 20 泰铢的小费。支付小费时请勿使用硬币。

5. 安全

（1）注意人身安全，不要和说华语的陌生人搭话。自由活动期间尽可能三五成群、结伴而行，将包斜背在胸前，最好由导游陪同。

（2）下车游览时，请勿将贵重物品放在车上，必须随身携带贵重物品。

（3）保管好自己的护照。涉及水上活动时，可将护照交由领队保管。

（4）使用卫生间时请注意防滑，以免摔倒。

（5）请勿擅自离团，旅行社不承担游客擅自离团发生意外的责任。

（6）户外活动包括但不限于潜水、游泳、高速摩托艇、降落伞、漂流、泛舟、攀岩、骑马等为高危项目，游客在充分考虑自身条件后再自愿参加，并承担因参加上述活动而发生任何事故可能造成的任何后果。

6. 其他注意事项

（1）出入境时，用餐、景点游览、候船、候车及办理酒店入住手续时，可能会较长时间排队、等候，请给予理解和支持。

（2）由于有着不同的文化教育及成长环境，各国地接导游在讲解、表达、服务、行事等方面会与游客的想象有较大差距，请做好思想准备。比如泰国导游行事以"哉焉焉"（意思为慢慢来）为主，请入乡随俗。

（3）在泰国，很多景点有摄影师给您"免费"拍数码照片，然后冲印好供游客选购，请根据实际情况自主选择，通常为 100 泰铢一张。

（4）注意集合时间，请勿迟到，以免让其他贵宾等候。

（5）为了安全及工作便利，旅游车第一排为导游和领队的工作座，请从第二排开始入座。

（6）根据国际惯例，旅行社不承担因不可抗力造成的损失及责任。

7. 风俗习惯

泰国人认为自己的头部是最神圣的，所以请不要触摸他们的头部。泰国人也忌讳他人用脚对着自己，或用脚指东西。

东南亚游出团通知示例

## 七、欧洲游行程表和行程须知

1. 参团须知

（1）团队行程中所有住宿、用车、景点门票等均为旅行社打包整体销售，若游客因自身原因未能游览参观，则视为自动放弃，旅行社无法退费。

（2）欧元目前为欧洲主要流通货币，建议游客在出国前换好欧元。持中国银联卡可在欧洲境内部分商店刷卡消费，并可在 ATM 机取款；行程中所涉及国家目前与中国有 6 小时时差。

（3）请严格遵守各国法律，严禁携带牟利私货和违禁物品；公共场合禁止吸烟；飞机上使用移动电话、游戏机等电子产品要符合规定。

（4）在飞机中转过程中不要随意离开团队，如发生意外，可出示机票找机场工作人员提供帮助。

（5）未经旅行社认可，不擅自脱团。

（6）严格遵守团队纪律，不因迟到而导致全团行程无法顺利完成。

（7）不在非吸烟区吸烟，不过量饮酒，不大声喧哗。在禁止照相的场所要严格遵守规定。与他人合照时一定征得对方同意并尊重当地风俗习惯。

（8）欧洲游为团队旅游，沿途可能随时接受警察盘查。不在旅游团队名单上的人未经旅行社及司机领队允许，不得上车随团旅游。

2. 入住欧洲酒店须知

（1）欧洲酒店与国内酒店的星级评定标准不同，比如在意大利，酒店历史越悠久，星级就越高；在法国巴黎，酒店的最高星级只有四星，巴黎的二星级酒店相当于国内的三星级酒店。

（2）欧洲酒店的大堂、电梯和房间较小，无商场；较多酒店无空调设备；电梯每次只能搭乘二人和行李；酒店无一次性用品。

（3）如果遇到展会等特殊情况，不排除一家人分开住的情况，包括加床和夫妻分开住。

（4）有些酒店的双人标准房会设置一大一小两张床，方便有小孩的家庭游客；还有些酒店的双人房只设置一张大的双人床，放置双份床上用品，有时是两张单人床拼在一起，用时可拉开。若遇此类情况，请尽量与团友协商入住事宜。

（5）欧洲主要国家的电压为 220 伏特，但插头与国内规格不同，各个国家有各自的标准。建议游客尽量在当地大型商场或到出境机场购买多功能万能插头，便于在欧洲各国使用。

（6）在酒店除房费、早餐外的额外费用，如长途电话、洗漱、饮品及搬运行李费等需要游客自理；酒店电视上凡有"PAY"或"P"的频道均为付费频道，请留意。

（7）在酒店洗澡时，一定不要将水弄到浴室外的地毯或地板上，否则可能要赔偿 300～1000 欧元。

（8）欧洲酒店内的电信服务费较高，如需国际通信，请尽可能使用已开通国际漫游的手机或投币电话。

（9）每到一地酒店，请务必主动记住导游的房间号、电话，并随身携带酒店的地址和电话。

3. 乘坐旅游巴士须知

（1）旅游期间全程使用高速巴士。欧洲法律对司机、导游的工作时间有严格限制，司机每天工作时间不超过11个小时，驾车时间每天不超过8小时。如果有额外服务，要征得当地导游和司机的同意，同时要额外支付费用。请尊重并配合导游及司机的工作。

（2）欧洲法律规定，司机停车时不能开空调，希望游客能够理解。

（3）坐旅游巴士时，中途不得开启行李箱，请上车前提前拿好全天必用物品。

（4）如因堵车、天气等客观原因导致行程无法按时完成的，根据欧洲法律，巴士公司有权删减部分行程以确保行车安全，希望游客能够配合。

（5）出于安全考虑，在旅游巴士行驶途中不要随意走动，因此造成伤害的，巴士公司不承担责任。

（6）行车期间全程禁烟。游客尽量不要在车上吃冰激凌和带果皮的食物等，如一定要食用，请将果核用纸包好放入垃圾桶。

4. 餐饮习俗

（1）酒店有欧式早餐，一般采取团队集体就餐方式。欧式早餐比较简单，以奶制品、面包为主。饮料以凉饮为主，很多酒店不提供热水，建议客人提前准备热水壶。

（2）为适合国人口味，在欧洲的午餐和晚餐尽量安排在中餐厅。欧洲中餐厅在环境、规模和口味上与国内相比有很大差距，饭菜口味比较西化，口味不够纯正，请游客能够理解。

（3）就餐时请大家听从餐厅安排，不要大声喧哗。

5. 退餐说明

（1）欧洲部分城市、城镇没有中式餐厅，将退客人餐费。

（2）欧洲有些城市的中餐厅不接待团队用餐，将退客人餐费。

（3）团队行程用餐时间在高速公路休息站无法安排在中餐厅用餐的，将退客人餐费。

（4）团队用餐是提前预订好的，游客因自身原因放弃用餐的，餐厅将无法退给餐费，希望游客能够谅解；如因特殊的客观原因导致整团无法用餐的，旅行社将按标准进行整团退餐；有忌口的客人请提前通知领队。

（5）因堵车等原因导致用餐时间延误的，建议自备一些饼干、巧克力等食品。

（6）按照国际惯例，在机场转机、候机、乘坐火车时的用餐需要游客自己解决。

6. 通信须知

（1）国内手机可以漫游的，在欧洲均可使用。

（2）拨打及接听欧洲当地电话，请提前咨询每分钟收费标准。

（3）往中国打电话，先拨"0086"（00 为国际长途，86 为中国的国家代码），再拨国内城市区号及电话号码。

7. 小费须知

（1）欧洲各国均有付小费的习惯，这是国际礼仪及惯例，也是对服务人员工作的一种肯定。

（2）在机场办理登机手续时请按旅行社标准交付小费。小费均为统一标准，老人、儿童也不例外。

8. 安全须知

（1）外出旅游容易出现偷盗的地方有：各国车站、机场、餐厅、景点、酒店及商场等公共场所。买东西时不要让他人看到包内的大量现金。

（2）酒店不负责房间内物品的安全，司机不负责车上物品的安全，请随身携带贵重物品。如随身携带不方便，可以寄存在酒店前台。欧洲某些地区屡屡发生中国人被盗事件，主要作案地点在酒店，或冒充酒店工作人员进入房间，或在客人用早餐时偷窃，或撬车偷窃，旅行社不承担因上述情况所产生的损失。

（3）入住酒店后，如有人敲门，请弄清对方身份再开门。若是陌生人或穿着类似酒店工服的人，绝对不可以开门，更不能让他们进入房间，有事请与导游联络。

（4）托运行李时，绝对不能让陌生人搬运行李，以免行李遗失。

（5）欧洲旅游时间较长，且行程紧凑，身体情况欠佳者、慢性病患者及行动不便的客人请慎重参团，如果参团，尽量由家属陪同，并随身备好药品，并事先告知旅行社和导游。对隐瞒身体状况及在境外因自身身体状况发生意外的，旅行社概不负责。既往病史在境外发作的，保险公司不予赔偿。

（6）请务必牢记导游的联系电话，一旦在境外走失，请主动联系导游，并在原地等待导游前来。

9. 购物须知

（1）银联卡（国内银行发行的带有银联标志的工资卡、储蓄卡或信用卡）在欧洲很多国家都可以使用，出行前请与开户行确认所持银联卡是否可以在境外消费，或拨打 95516 进行咨询。刷卡汇率统一按当日开户行挂牌的欧元与人民币的卖出价，且不再收取货币换算费。

（2）国外商店没有讨价还价的习惯，一般没有折扣优惠。

（3）购买水果时，最好不要用手挑拣。

（4）购物后请索取收据。

（6）全程不强制购物，如增加购物店，须经全体团员签字同意。

（7）行程单中的景点、餐厅、长途休息站等地的购物店不属于旅游定点商店，所购商品若出现质量问题，旅行社不承担任何责任。

（8）客人自行前往购物店所购商品出现质量问题的，旅行社不承担任何责任。

（9）取到商品后请仔细检查，若回国后才发现质量问题，退换手续将十分繁杂。

（10）在欧洲值得购买的商品有：法国香水、化妆品、服装、手表；德国双立人牌刀具；意大利的皮货、玻璃制品；瑞士的巧克力、军刀、手表等。

10. 退税须知

所有居住地是非欧盟国家及停留时间少于3个月的游客，在欧盟国家购物都可申请退税。具体退税方法请听从领队安排。

（1）各国退税税率不同，一般为7%～14%，请购买时向商家询问具体税率。

（2）各国退税金额不同。在一家商店一天之内一次购买金额要达到一定数额一般可按规定退税。如果一次性购买金额无法达到退税标准，不妨和同行者一并结账，同享退税优惠。如果要买的品牌在同一家商店都可以买到，不妨集中在一个商店购物。这样不仅容易达到退税金额标准，退税的手续也只需办理一次，既省时又省钱。

（3）不是所有商店都提供退税服务，所以尽量在大商场购物或由旅行社推荐商店。

（4）海关在盖退税章前，会抽查退税商品，因此在没有盖章前，先不要托运行李。如果购买的退税物品较多，可考虑将这些物品单独打包。

（5）请妥善保管全部税单，不能随意改动。一旦损坏或丢失，将无法补办，也无法办理退税手续。

（6）目前比较方便的退税办法是回国前在机场退税，因此请预留足够长的时间以便在机场完成整个流程。

（7）提供退税服务的公司有许多家，最有影响的是环球蓝联（Global Blue，即原全球回报集团（Global Refund），办理退税极为方便。环球蓝联在36个国家设立了超过700个现金退税点（Cash Refund Office），游客可通过现金、信用卡转账或邮寄银行支票三种方式获得退税。为方便中国出境游客顺利完成购物退税，环球蓝联先后与中国工商银行和香港东亚银行在北京、上海、广州和香港的机场和市内建立现金退税点。中国游客只要在有蓝白灰三色退税购物（TAX FREE SHOPPING）专用标志的商店购物，并填写全球退税支票（Global Tax Free Cheque），离开欧洲最后一站前持全球退税支票在海关盖章后即可回北京、上海、广州、香港的指定退税点办理退税。

在国内办理现金退税金额与在国外退税相同，不加收额外手续费。

（8）在有些欧洲国家也可用支付宝"码上退税"，只要出示付款码就能退税，操作简单。

（9）退税是欧洲对非欧盟游客的一项优惠政策，一些商店当场退税，一些商店需要出欧盟时在机场办理退税。领队会向游客介绍退税详情并协助办理相关手续，但不承担退税失败的任何责任。如因商店和海关无退税合约，或因飞机晚点、银行关门、海关检查时间紧迫不能及时退税的，旅行社不承担责任。

11. 保险须知

游客在旅途中有任何不适，或发生医疗事故需要医疗服务，需要自己先行支付医疗费用。如果出国前自行购买了有境外救援服务的保险险种，请务必保管好出国就医时医院的诊断证明、处方、发票原件等相关单据，以便回国后自行向保险公司索赔。

12. 记下以下单词

TRANSFER 中转

EXIT 出口

VACANT 无人使用

OCCUPIED 有人使用

GATE 登机口

ENTER 进口

NO SMOKING 禁止吸烟

FASTEN SEATBELT 系好安全带

◆ 职业操练

（1）收集热门出境旅游地的《行程表》和《行程须知》。

（2）整理不同出境旅游产品的《行程须知》，找出共同点和不同点。

（3）同学分组，分别扮演门市服务人员与游客，模拟出境游行前说明会的服务场景和行前说明过程。

# 单元❽  售后服务

> 售后服务，是旅行社在旅游活动结束后继续向游客提供的一系列服务。良好的售后服务是优质接待工作的延续，它不仅可以维持和扩大原有的客源，还可以不断更新产品内容，提高接待服务水平。

## 项目 26  受理投诉

门市投诉，是指旅游者在进行产品咨询、购买和消费活动时认为自己的合法权益受到损害，为求物质和精神上的补偿，以书面、口头等形式向旅行社相关部门提出投诉、请求处理的行为。

🍃 **职业场景**

> 从这周起，小王开始在门市售后客服岗实习。某日下午，他正在店门口迎候客人，一位客人气呼呼地走来要求投诉。小王立刻邀请客人来到投诉专区，招呼其坐下，并泡上一杯热茶。这位客人一家人刚刚参加完旅行社组织的"大连、旅顺四日游"，客人出示了旅游合同。旅游日程表上的景点安排得满满的，尤其在大连的相关景点中，金石滩是游览重点。客人反映，当天，地陪非常热情地向大家推荐旅游行程安排上未包含的海上快艇自费项目，这引起了几个孩子的兴趣，为了满足小朋友的要求，家长们只好陪着上快艇。当时全陪未加阻止。由于这个项目耽误了一个多小时，导致之后在金石滩景区只匆匆玩了三四个参观点，尚有一半未游玩，其中还有一个是单独收取门票的参观点。当时地陪以客人自费项目造成行程耽误及景点门票为套票为由，没有退还未游览的参观点的门票。客人回来后仔细核对了行程安排，对于没有很好地游览金石滩这一全国首批国家 4A 级旅游景区、国家级地质公园感到非常遗憾，于是就来到旅行社门市进行投诉，要求赔偿。
> 
> 小王一边耐心听取客人诉求，一边认真记录。客人讲述完毕，小王按照旅行社制订的"客人投诉处理工作流程"开始了进一步的投诉受理工作。

### 📖 职场解析

近年来，旅游人数剧增，不少旅游设施供应紧张，工作人员的服务水平无法满足旅游者的需求，加之旅游者的旅游经历日益丰富，维权意识也日益增强，旅游投诉量呈现不断攀升的势头。门市作为旅行社接待客人的窗口，是受理投诉的职能部门。

在旅游活动中，旅游者认为自己的合法权益受到损害后，一般会首先向旅行社门市投诉，在投诉得不到满意结果时，才会进一步向旅游质监机构、消费者协会等部门投诉。门市工作人员在接到投诉后，应高度重视旅游者的意见，认真对待每一位投诉者，认真倾听、记录、分析、处理和反馈旅游者意见，力求达到旅游者和旅行社双赢的结果。

#### 一、旅游投诉的原因

引起旅游者不满的投诉原因主要分为硬件因素和软件因素。

（1）硬件因素。主要指旅游要素供应商提供的食、住、行、游、购、娱等要素的设施设备标准未达到旅游合同所列明的标准或不符合相关行业设施设备、环境卫生等质检标准。

（2）软件因素。主要指由于旅行社服务人员（包括门市接待员和导游人员等）和旅游要素供应企业服务人员（如司机、餐厅服务员、酒店服务员、景点工作人员等）的工作失误，或提供的服务不符合相关行业服务规范（服务技能差、态度差），或是旅行社的计调和导游人员在设计、安排和落实旅游行程方面存在不当。

#### 二、处理投诉的原则

近年来，旅游投诉出现数量激增、对象多样、维权意识超前等特点，这需要门市接待人员以不变应万变，学习和掌握投诉接待技能和技巧，通过规范的接待程序，合情、合理、合法地解决旅游者的诉求，挽回或减少旅行社的损失。

1. 冷静倾听、记录

客人在投诉时往往会有各种情绪表现，甚至会提出一些不合理的要求，这时，接待人员一定不能把这些表现理解成是对自己的不满。此时的客人仅仅是把我们当成了宣泄情绪的对象，我们要做的就是要让客人知道我们非常理解其心情，关心其问题。我们要与客人的内心世界同步，站在客人的立场上真正了解其诉求，找到最合适的交流方式，为成功处理投诉奠定基础。

2. 理解心理诉求

客人投诉，往往有三方面的心理诉求：

第一种是求补偿。这类客人占大多数，他们要求补偿的心理可能是物质方面的，如要求旅行社退还部分旅游费用，赔偿其一定的经济损失；也可能是精神方面的，如希望旅行社管理人员能向其赔礼道歉。对于这类投诉，接待人员应尽量当场核实情况，确系旅行社接待服务失误的，在职权范围内与客人协商经济补偿额度；非由旅行社及接待单位原因造成投诉的，则可委婉地加以解释，说明原委。如无法当场核实情况，则要向客人承诺答复的时限。物质方面的补偿以本旅行社的旅游产品、折扣、代金券、小礼品等为主，尽量避免现金补偿；精神方面的补偿，一般请门市主管或店长当场道歉，也可通过电话、电邮或登门等形式道歉。

第二种是求发泄。这类客人多对接待人员的服务感到不满，觉得受了委屈或不平等对待，希望向别人诉说心中的不悦。他们在投诉时往往会喋喋不休，反复讲述其不幸遭遇，情绪激动时还会使用偏激的语言对接待人员进行指责。接待对这类客人时，应尽量避免将受理地点安排在门市前台客人聚集处，而应选择单独的、封闭的、宽松的场所，耐心倾听其投诉。倾听时不要为了急于弄清事件原委而打断对方。

第三种是求尊重。这类客人一般拥有一定的社会地位、经济实力，或是年龄较大，他们认为在旅游过程中没有得到应有的尊重，甚至被歧视。他们投诉的主要目的是希望通过投诉获得语言和服务上的尊重和照顾。在处理这类投诉时应主动表达对其遭遇的同情，并表达较大的敬意，使其感到受尊重、被重视，从而平息他们的怨气。

不管客人有哪一方面的诉求，接待人员都应站在客人的立场上诚心诚意地了解其诉求，对给客人造成的不便首先表示道歉，然后针对不同情况做出不同处理。

3. 迅速答复

客人投诉反映的问题往往是投诉接待人员不了解且没有亲身经历的情况，有时只是一面之词，事后还需要联系当事人或接待单位进一步核实情况，其间需要一定的处理时限。此外，即使明确了是旅行社方面的责任，基层接待人员职能权限也有限，具体补偿方案还需专职管理人员核定，不能当场给予客人具体的补偿答复。但是，无论什么情况，处理的时间越早越快，反馈越及时，效果就越好，客人二次投诉或升级投诉的可能性也就越小。

三、处理投诉的程序

1. 受理客人投诉

客人投诉一般分为当面投诉、即时通信软件投诉，以及通过电子邮件、电话等形式投诉。上门当面投诉的，门市接待人员应立刻邀请客人到投诉专区，在一个相对安静的环境受理投诉。接到投诉专线电话的，应立刻放下手中工作，迅速接听。门市还应定时查收旅行社专用客服电子邮箱，及时拆阅投诉信件。

2. 耐心倾听、认真记录

受理客人投诉后，接待人员要耐心倾听投诉者的陈述，满足投诉者需要发泄怨气的心理需求，了解投诉者语言背后的情绪和想法。对关键环节或未听明白的地方要请客人重复，认真做好记录，随时附和客人。

3. 初步区分责任

充分了解客人的投诉事由后，接待人员依据当初与客人签订的旅游合同，大致可以判断出造成投诉的原因并确定责任方了。因本旅行社或合作单位造成客人权益损害的，要先向客人道歉，并告知其进一步沟通协商的时限；确实属于不可抗力或客人自身原因和其他无关单位造成客人权益损害的，接待人员要对客人的遭遇表示同情和遗憾，对旅游合同中的相关条款和法律法规做进一步说明，给予客人最大的理解。

4. 制订处理方案

确因本旅行社或相关合作单位造成客人权益损害的，如果涉及的人员简单明了，责任清晰，或者已有类似情况的处理预案，可请客人稍候，快速拟定相应的处理方案，包括再次约见客人的时间、地点、形式、解释说明内容、补偿方案等，然后交由专职管理人员审核，审核无误后付诸实施。

如果涉及的人员较多、环节复杂、索赔超限，这时不要向投诉者作任何不切实际的承诺，而要如实告知客人，旅行社会尽力寻找解决的方法，但需要一点时间，然后约定给客人回话的时间。即使到时仍不能解决问题，也要向客人说明问题处理的进度，并再次约定答复时间。如实答复客人会更容易得到客人的尊重和配合。

5. 反馈处理结果

审核完处理方案后应尽快反馈给投诉者，反馈的形式视客人权益受损害的大小和与客人初步沟通的情况而定：可以是再次门市约见，也可以登门道歉；可以口头表达歉意，也可以通过信件或电邮书面赔礼；可以给予精神上的安慰，也可以是物质上的补偿，如赠送礼品、旅游产品打折等，并请客人在投诉处理意见上签名。

假如客人对处理结果不满意，表示要二次投诉或升级投诉，接待人员应尽可能做好解释说明工作。如果二次投诉与事实有较大出入，要再次核查事实；如无法满足客人的赔偿额度，可请专职管理人员协同解释；如果客人无理取闹，只能请其按照合同上的约定向有关机关投诉。

6. 存档汇总，跟踪服务

接待人员应及时整理和汇总投诉记录、资料和处理经过并存入档案。对于投诉涉及的普遍性问题，应向主管领导提交整改建议。投诉处理完毕，还要定期跟踪和回访，保持关系，争取将其培养成忠诚客户。

行业标准—旅游投诉处理办法

### 四、接待投诉常用语列举

（1）很抱歉，因为我们的工作给您带来了不便，非常感谢您反映情况。

（2）您反映的具体情况我已经了解了，并且做好了记录，我想再和您确认一下……请问您还有什么要补充吗？

（3）您反映的情况我会立刻转给相关部门，并给您一个满意的答复。

（4）请稍等一下，我去联系其他部门（我去请示下领导），了解一下具体情况。

（5）您反映的情况涉及了当地旅行社（其他接待单位），核实情况还需要一点时间，请您先回去，明天我再和您电话沟通，您看可以吗？

（6）麻烦您留下联系方式，一有结果我会马上通知您的。

（7）出现这种情况，我们深表歉意，这也不是我们希望看到的，但毕竟……

（8）通过核实，您所反映的情况属实，在这里向您表达深深的歉意，实在对不起，我们下次一定改进……

（9）对不起，让您感到不愉快了，我非常理解您此时的感受。

### 五、引导客户思绪的技巧

接待人员可通过一些方法来引导客户的思绪，化解客户的愤怒。

1. 适时提问

一个在气头上的发怒者是无法进入"解决问题"的状态。接待人员首先要做的是逐渐使对方的火气降下来。对于一些非常难听的抱怨，应抓住要点适时地提出一些问题来进入正题。

客人："你们的导游实在太不负责了！到了景点就把我们晾在那里不管了。"

正确地回答："请问您说的是行程中的哪一天啊？"

错误地回答："到了景点是你们客人自由活动的呀，那很正常的啊。"

2. 转移话题

当投诉者按照其思路在不断地发火、指责时，接待人员可以抓住其中容易转移注意力的话题扭转方向、缓和气氛。

客人："你们的行程安排太不合理啦，这次我带了家人老老小小，太累了！"
接待："我很能理解您，您的孩子多大啦？"
客人："嗯……6 岁半。"

3. 间隙转折

暂时停止对话，特别是你也需要找有决定权的人做一些决定或变通：

"请稍候，我向领导请示一下，看看咱们还可以怎样来解决这个问题。"

4. 给定限制

接待人员有时做了很多尝试，对方依然出言不逊，甚至不尊重人格，接待人员可以转而采用较为坚定的态度给对方一定的限制：

"我非常想帮助您。但您如果一直这样情绪激动，我只能和您另外约时间了。您看呢？"

5. 提供帮助

对于那些由其他旅行社及其接待单位负责的投诉，接待人员应体贴地表示乐于提供帮助，让客人感到受重视、有保障，从而进一步消除对立情绪。

"您看我给您提个建议如何？对于这一情况，你可以向这个单位的这个部门联系下，我这里有他们的联系方式，他们会给出更有说服力的解释，好吗？"

### 职业操练

（1）绘制一份旅游门市投诉处理流程图。

（2）草拟一份旅游门市投诉记录表。

（3）同学两两一组，收集一个旅游投诉案例，并模拟门市接待人员与投诉者之间的谈话。

（4）小王进一步受理投诉具体该怎么做？同学之间分组模拟角色。

# 项目 27　客户维护

客户维护，是门市售后服务的主要工作内容，它是旅行社以客户需求为中心，建立比较系统完备的客户信息资源库，通过各种形式和渠道收集客户对旅行社的建议或意见，不断向客户提供最新的服务信息，向客户提供标准化、个性化的服务，进一步加强旅行社与客户之间忠诚关系的一系列行为。

● 职业场景

> 距离春节只有一个多月时间了，旅行社售后客服部开始忙碌起来，小王也加入到他们的行列，开始客户维护工作。除了每周初汇总上周结束行程的团队信息外，还要通过电话进行回访，征求客户的意见和建议，部门主管还让小王参与策划针对春节产品销售的客户关怀活动方案。

● 职场解析

在旅游产品日益市场化和透明化的今天，旅行社门市只靠开发新、优、廉、特的旅游产品来占据市场份额已经远远不够了，新线路推出一般不出一周就会被模仿甚至被超越。目前市场上主流的旅游线路行程安排基本雷同，同质化趋势越来越明显。唯一能保持市场竞争力的利器就只剩下服务，维护好客户，才能在市场竞争中立于不败之地。

客户维护工作主要包括客户建档、客户回访和客户关怀三个方面。

一、客户建档

客户有广义和狭义之分。广义的客户，是指与旅行社有经济和业务往来的旅游要素供应商、其他服务机构和旅游者；狭义的客户，专指旅行社的客源，即旅游者，包括已经消费本旅行社产品的老客户，也包括潜在的新客户。此处所说的客户专指狭义的客户。

门市通过日常收集的客户资料而建立起的庞大的旅游者数据库，是客户关系管理的基础。从营销成本上来说，开发一个新客户的成本要远远高于留住一个老客户的成本，因此，针对老客户来建立客史档案，是门市客服人员的一项重要工作。

1. 客史档案的形式

目前，各旅行社建立客史档案的形式主要有两种：

一是利用普通的电脑办公软件来实现，如利用 Excel 或 Word 建立客户资料表。这需要门市客服人员在整理旅游者登记表的基础上进行二次整理，多为中小型旅行社采用。它最大的优点就是投入成本很低，但其不足也很明显，就是后期的客户资料查询、维护及使用都不够便捷，且客户资料容易外泄。

二是采用专门的客户管理系统软件，如上海棕榈电脑系统有限公司开发的"金棕榈旅行社业务流程信息管理系统"，其中就包含一个子系统——"金棕榈客户管理系统（CRM）"。使用这套管理软件，在旅游者报名参团登记的同时就完成了客史档案管理的第一步。随着之后门市、计调客服工作的进一步展开，不同客服人员会陆续完善客史档案，其多为大中型旅行社采用。它的一次性投入成本较高，但后期查询和使用十分方便，只需输入关键字，客户的全部资料都一览无余。假如软件还整合了客户关怀和旅游信息发布系统的话，客户关怀和旅游信息发布就能自动完成，节省人力物力不说，客户资料还不易外泄。

2. 客史档案的内容

无论采用哪种客史档案管理形式，其基本内容大同小异。

散客客史档案主要包括：旅游者姓名、性别、生日、身份证（护照、港澳通行证等）号码、工作单位、职务、年收入、联系方式（手机号、家庭电话、紧急联络电话、电子信箱、QQ、微信等）、家庭地址、邮编、家庭成员情况、个人兴趣爱好、以往游览地、参团记录（时间、目的地、同行成员、团费、游后反馈等）、出游偏好、未来的出游意向、散客回访记录等。

单位客史档案主要包括：单位名称、性质、地址（包括总部、分公司、门市部等）、职能部门及人数、邮编、员工旅游周期、员工旅游洽谈专员资料、员工旅游决策者（副总、办公室主任、工会主席等）资料、差旅管理专员资料、差旅管理决策者资料、员工主要差旅地、员工旅游预算、差旅管理预算及制度（包括姓名、性别、联系方式、个人喜好等）、以往员工集体组织游览地、参团记录、出游偏好、未来出游意向、回访记录等。

## 二、客户回访

客户回访，是指在客户消费旅游产品后，旅行社通过电话回访、登门拜访、发放问卷、网站留言、查看意见箱等多种形式与客户沟通交流，来了解其对本次及今后旅行社产品的评价和期望。通过回访，旅行社既可以得到各种信息反馈，也能够让客户感到被尊重，是旅行社改善服务、维护客户关系的重要方式。

1. 回访对象

客服回访的对象主要是通过门市报名并已完成旅游活动的人。

2. 回访形式

客户回访一般由专人负责，普通散客基本采用电话回访的形式，回访时语言要简明扼要、重点突出，尽可能将时间控制在两分钟以内。

对于单位或重要客户，则由门市负责人、销售人员或领导登门回访。事前应电话预约登门时间，并将拜访时间控制在半小时之内。

在旅行社网站上有售后服务模块，此外，旅游结束时由导游安排游客填写的《旅行社服务对象满意度调查表》、游客意见箱等也是回访客户的常用形式。旅行社一般都会建立规范的客户回访信息审阅和处理机制。

旅行社服务对象满意度调查表

3. 回访时间

不同形式和渠道的回访，其时间安排各有不同。电话回访一般在行程结束后的两三天内完成；针对重要客户或单位客户的登门拜访尽可能在行程结束后一周内完成；旅行社网站的售后服务模块或游客意见箱应由专人定期查看；《旅行社服务对象满意度调查表》一般由导游在行程临近结束前安排客人填好，然后直接带回旅行社。

4. 回访内容

回访内容主要包括确认行程安排与实际是否相符，游客对行程安排的满意度，对导游等服务人员的满意度，游客有无建议和意见，掌握游客的旅游消费偏好，表达旅行社的谢意和进一步沟通联络的意愿等。

5. 电话回访常用语

- ◇ 您好，我是某旅行社的门市客服代表，想耽误您两分钟时间，请您对我们的服务做个评价，可以吗？
- ◇ 不好意思，打扰您了，我过半小时再联系您吧。
- ◇ 非常感谢您对我们工作的支持。
- ◇ 您曾经向我们反映的××问题，我们进行了仔细核查，我想给您解释一下……
- ◇ 您还有什么意见或建议，欢迎您再次拨打我们的客服热线。
- ◇ 很抱歉，我们再核实一下，尽快答复您，好吗？
- ◇ 不好意思，您反映的问题我们已经注意到了，请给我们一点时间，我们需要通过有关部门核查，然后才能答复您，希望您能谅解。
- ◇ 是我没有说清楚，我再给您解释一下，好吗？
- ◇ 不用谢，这是我们应该做的，谢谢您对我们工作的支持。
- ◇ 抱歉，您说的问题已经超出了我们服务的范围，我建议您向××部门直接反映好吗？我们也会通过相关途径为您反映的。

### 三、客户关怀

客户关怀，就是旅行社通过节日问候、旅游信息发布、客户活动、消费奖励等形式向客户表达旅行社心意的一系列服务行为。

1. 客户关怀的意义

（1）能提高客户的忠诚度。具体而言，客户会更长久地忠实于旅行社；

主动尝试旅行社推出的更多新产品；形成购买价值更高的产品的意识；对旅行社及其产品说好话，形成良好口碑。由于这类客户更加熟悉交易流程从而会大大降低服务成本。

（2）帮助改进产品。忠实的客户是最好的产品设计师，他们在使用产品的过程中会发现产品缺陷。客户关怀能为旅行社建立聆听建议的渠道，让旅行社发现改进空间，设计出更符合客户要求、更有市场的产品。

（3）形成良好的口碑传播效应。当旅行社的产品或服务超出了客人的期望值，他们将习惯性地和周围的朋友分享。而熟人间的产品信息传递更加可信，成交的概率也更高。

2. 客户关怀的形式

（1）节庆问候祝贺。节日、客人生日、重大赛事活动等都是门市客服加强与客户联系的最佳时机。客服可以利用客史档案，适时通过寄发（电子）贺卡、微信、电子邮件、电话、登门拜访等形式向客户表达诚挚的祝贺，并适时进行产品推介。贺卡一定要由高层管理人员亲笔签名，不可采用打印或盖章的方式；微信要主题突出、内容健康、形式新颖，并附上旅行社名称和联系电话；电子邮件格式要规范，内容简明扼要，最好能使用带有旅行社LOGO、抬头、联系方式等信息的标准化电子稿纸；电话或上门祝贺主要针对一些重要客户，问候时要主题突出，内容简洁，有针对性。

（2）旅游信息发布。旅游信息主要通过微信、公众号推文、手机短信、电话、电子邮件等形式发布。发布内容因不同时间段而各有不同。团队出发前，主要是行前通知和计调操作状态（如机票出票情况、签证情况等）；临近出发日，主要是安全提示、携带物品提示和紧急联络电话提示；旅程结束后，主要是致谢和征求意见。对于老客户，主要通过电话、微信、电子邮件、手机短信、旅游宣传手册、产品介绍单、旅行社DM广告单等形式，把旅行社最新的产品推广信息及时告知客户。信息发布时间可以按照旅行社季节性产品推广的周期而定，不宜过于频繁，选择发布对象时要考虑旅游者的出游偏好或意向。

（3）客户活动。客户招待会、答谢会、联谊活动、旅行社开放日等都是旅行社增进与客户友谊的重要方式。在这些自然、轻松、愉快的活动气氛中，不仅能让客户感受到旅行社的品牌气质和企业文化，旅行社还能了解到客户需求的变化，及时调整产品，有针对性地发布一些旅游产品信息。客户的摄影照片展、产品的幻灯片简介、旅游专家的发言、冷餐会、酒会、文艺表演、参与性节目、抽奖活动、赠送纪念品、组建旅游专题俱乐部等都可以融入这些活动中。

（4）会员营销。会员营销，是客户首次消费后，旅行社发展其为会员，通过会员基本资料、消费、积分、储值、促销和优惠政策等一系列信息管理，让旅行社和客户随时保持联系，提高客户忠诚度，实现企业业绩增长的目的。随着IT技术的发展，尤其是互联网的普及，会员制的营销手段已渐渐由零售行业扩大到旅游行业。目前，许多大型旅行社已经建立了比较成熟的会员制营销体系。借助先进的信息技术，多种客户关怀形式可以便捷、低成本地实现。更重要的是，根据会员信息和消费行为将会员分类，可以更加有效地实施营销，将促销变为优惠和关怀，提升会员的消费体验感。

## 拓展阅读

### 一、客户维护的重要意义

（1）完善客户信息，整合利用信息。在旅行社内部，客户信息通常分散于各职能部门中，如营销部门掌握着大客户档案信息和销售信息，导游部门掌握着客户的个性特点和旅游生活习惯等信息，财务部门掌握着客户的付款和信用等信息，售后服务部门掌握着客户的投诉和回访等信息。各个部门间存在着信息不畅通、关系不协调等问题，掌握的客户信息并不完全准确、全面，这就会给客户服务带来诸多不便。通过客户维护，能够完善客户信息，实现客户信息的整合和利用。

（2）提升客户满意度，提高社会美誉度。通过客户维护，有利于了解客户在旅游产品消费后的总体感觉，掌握客户对产品的需求信息，处理客户反馈的意见，做好协调沟通工作，从而提高客户的满意度。客户的满意度提高了，会促进其反复消费，并形成良好的口碑，从而形成一系列良性循环，进而提高旅行社在社会上的美誉度和知名度。

（3）促进产品销售，实现企业目标。通过客户维护，可以有效收集客户信息，把握客户的需求变化，开发适应客户需求的新产品，并将旅行社产品信息通过各种方式传递给目标市场的现有客户和潜在客户，以互动效应影响客户、争取客户和维护客户，促进旅行社产品销售全面提高，实现旅行社的发展目标。

### 二、客户忠诚度

客户忠诚度，是指有赖于旅游产品的质量、价格、服务等诸多因素，使客户对旅行社的某一产品或服务产生感情，形成偏爱并长期重复购买该旅行社产品或服务的程度。忠诚的客户是旅行社最宝贵的财富，培养客户的忠诚度，是旅行社实现利润持续增长的最有效方法。

衡量客户忠诚度的标准包括：

（1）客户在本旅行社消费的次数：与忠诚度成正比。

（2）客户签订旅游合同的决策时间：与忠诚度成反比。

（3）客户对产品价格的敏感程度：与忠诚度成反比。
（4）客户对同行竞争产品的关心程度：与忠诚度成反比。
（5）客户对产品质量的承受能力：与忠诚度成正比。
（6）客户在本旅行社的消费周期：与忠诚度成反比。

### 职业操练

（1）分别设计散客和单位的客史档案记录表。
（2）同学两两一组，模拟旅行社客服人员电话回访旅游者的情景。
（3）分组设计一份旅行社年度客户关怀方案。

# 管理篇

## 店长

# 单元 ❾ 店员招聘与培训

> 旅行社门市店员的招聘与培训属于人力资源管理的重要工作范畴。每当旅游旺季到来，或旅行社发展到一定规模，人手紧缺往往成为门市进一步发展的"瓶颈"，建立起科学有效的门市店员招聘与培训制度，将为整个旅行社服务水平的提升提供强有力的保障。

## 项目 28　招聘门市店员

近年来，随着旅游业的日益发展，旅行社门市在数量和规模上呈现出逐年上升的趋势，这就需要大量愿意从事旅行社门市接待工作的人才加入这个行列中，成为门市店员中的一员。在门市员工招聘管理中，店长起着至关重要的作用。

### 🌿 职业场景

　　经过近一年在门市接待、客服等各岗位的实习，小王已经基本能够胜任旅行社门市的各项工作。他刻苦努力、勤奋好学，深得店长的认可。
　　店长决定给小王一个店长助理的实习岗位，让他承担一些店长的助理工作，进一步培养、锻炼他。
　　在大家的努力下，门市近几个月的经营规模日益扩大，门市接待的客流量节节攀升，但可惜的是，咨询服务的客人常常要排队等候，不少客人只好无奈离开。面对这种情况，店长向公司人事部申请后同意再招聘2名门市接待人员。店长要求小王拟订一份招聘方案，并尽快开始招聘工作。

#### 职场解析

旅行社是人才密集型服务企业,通过招聘优秀人才,为旅行社注入新鲜活力,能够促进企业长远发展。

**一、明确招聘目的**

招聘旅行社门市员工,其目的或原因一般有如下几方面:
(1)为新开业的门市"造血",输送各岗位所需要的人才。
(2)为扩大门市现有规模而"输血",增补各方面急需的优秀人才。
(3)为门市填补岗位空缺,替补离职员工。
(4)撤换现有岗位上不称职人员,提高工作效率和工作质量。
(5)补充因员工突然离职而造成的缺员。
(6)填补原有岗位人员晋升而形成的空缺。
(7)适应部门调整和人员流动的需要。

**二、分析招聘岗位**

分析岗位是整个招聘工作的起点和基础。通过分析,能够明确招聘方式、途径及面试审核等具体工作安排。

分析招聘岗位时应考虑如下问题:
(1)设置该岗位的目的是什么?对其他岗位工作有什么帮助与影响?
(2)胜任该岗位需要什么知识和技能?有什么学历、特殊技能或体能要求?
(3)该岗位具体要做些哪些工作?
(4)该岗位在业务流程方面的上下级各是什么?
(5)该岗位在管理人员方面的上下级各是什么?
(6)该岗位需要多少人?薪酬是多少?
(7)该岗位的工作场所设在什么位置,需要哪些办公设施设备?

**三、确定招聘方式**

招聘方式主要分为外部招聘和内部招聘两种。

(1)外部招聘。是旅行社向外界发布用工信息,吸引外界人员前来应聘。外部招聘适合基层岗位、非关键岗位、企业内部空缺岗位或有特殊技能人员的招聘。外部招聘选择范围广,有利于吐故纳新,为旅行社注入新力量、带来新经验和新方法,使老员工产生危机感从而促使他们更努力地工作。但外部招聘成本较高,招聘周期较长,新员工到岗后需要一定的工作适应期。

(2)内部招聘。当旅行社内部岗位出现空缺时,首先向公司内部现有员工发布岗位空缺信息，接受内部其他部门或岗位员工应聘。内部招聘主要适用于部门人员数量、结构不合理，或用来选拔中高层管理人员。其招聘成本较低，对招聘对象比较了解，应聘者工作适应期较短，但也容易形成内部员工"近亲繁殖"的现象，不利于企业更新换代。

如果按用工时限划分，招聘方式又可分为正式招聘和临时招聘。正式招聘是指吸纳应聘者作为正式岗位的员工，临时招聘就是对外招聘临时工和对内临时调动岗位。因为旅行社行业的工作具有较强的季节性特点，因此所需员工也呈现一定的波动性。旅行社可以根据旺季企业运行情况，增加一些临时性岗位，协助旅行社完成必要的对客服务工作，如聘用兼职人员、招纳实习生等，这一方面可以避免大客流量引起的服务缺位和失误，缓解现有员工工作压力，另一方面也可以降低旅行社的运营成本，避免出现冗员。

### 四、发布招聘信息

撰写招聘信息要简明扼要，突出招聘的岗位名称、任职学历、知识能力等要求，以及工作内容和薪酬福利等。

发布门市员工的招聘信息，最简便的方法是在店外张贴招聘广告，其费用低廉，操作简便，但应聘人员的层次水平和招聘信息的知晓率都不高。规范的旅行社除了发布招聘广告外，一般还通过校园招聘、人才交流会、网络招聘、校企合作等多种渠道发布招聘信息。

各类的中职、高职和大学院校是不同层次专业人才集中的地方，这里的学生经过专业化的学习，素质较高，旅行社可定期到各旅游院校进行宣传，吸引优秀人才加盟。另外，通过人才交流会能得到大量应聘者信息，这些应聘者往往具有一定的工作经验，招聘效率较高。在网络上发布招聘信息是近年来企业最多使用的招聘形式，其速度快、成本低、招聘信息更新快。

### 五、进行招聘面试

应聘者向旅行社投递简历后，旅行社首先应根据其提供的材料进行初步筛选，重点审核学历专业、工作经历、专业技能等方面，排除不具备该岗位需求能力的人员，然后根据招聘岗位的具体特点，对应聘人员再次考核。考核形式可以是面试、笔试、实际操作或多种形式，具体考察应聘者的实际工作能力及与招聘岗位的适应度，从多角度了解应聘者。招聘团队应由人事主管、部门主管和岗位技术骨干三方组成。

面试时可以针对简历中涉及的内容进行提问，也可以提及下述问题：

（1）你为什么要辞去原来那家旅行社的工作？

（2）你觉得我们旅行社和你原来工作的旅行社有什么不同？

（3）你的短期和长期的职业目标是什么？

（4）谈谈你从事门市接待工作的成功经验。

（5）假如你接待了这么一位客人……（描述一个门市接待案例），你会怎么办？

（6）除了薪资方面，你对加入我们旅行社还有什么要求或希望？

### 六、招聘录用人员

（1）确定名单。在对前期应聘者的各项评分进行综合分析后，旅行社确定最终录用人员的数量和名单，呈报总经理或人事主管最终审核。

（2）通知录用。确定名单后，旅行社即可向应聘者发放录用通知。慎重起见，录用通知应以书面为宜，也可以采用电话、短信或电邮方式辅助通知。通知的设计和内容的繁简视门市的具体情况而定，一般包含签订合同的时间和地点、报到时间和地点、薪资待遇、试用期、工作指标、领取工作服和用品的时间地点、直接上级、正式开始工作时间、工作排班情况等。

（3）工作准备。为了让新员工尽快进入工作状态，门市店长或带教师傅常以各种方式让其熟悉门市各方面情况，大到旅行社的组织机构、部门设置、主要管理人员等，小到工作时间、就餐方法、工资支付形式、办公室布局、仪表要求和工作服发放等。同时，还要向新员工介绍其工作岗位和具体工作内容，并将其介绍给其他同事。介绍的方式有多种，可以带新员工在门市各处参观，熟悉内部和周边环境，也可以观看介绍旅行社的录像或PPT，并为新员工集中答疑。假如旅行社有规范的员工手册，也应尽快发放给员工。

◆ 拓展阅读

企业面试最看重员工的如下关键能力：

（1）忠诚度。企业更为重视员工的忠诚度，在招聘中，面试官经常会提出"请分析职业技能和忠诚度哪个对企业更重要"的问题。

（2）实践能力。在注重学生学习成绩的同时，相当多的企业非常重视应聘者的实践经历。在校期间实习、兼职、做家教等都是积累社会经验的好机会。

（3）团队协作精神。任何一个企业都非常重视员工的团队协作精神，尤其欢迎具有团队协作精神的应聘者。

（4）创新精神。应聘者是否具有创新精神也是重点考量的因素。

（5）对企业文化的认可度。企业在招聘过程中常常会考虑员工是否认可和适应企业的价值观和企业文化，这将决定员工能否很好地为企业服务。

◆ 职业操练

（1）帮助小王撰写一份招聘方案。

（2）撰写一份门市咨询岗的岗位分析书。
（3）撰写一份旅行社门市咨询岗位（5人）的网络招聘信息。
（4）同学两两一组，分别扮演面试官和应聘者，分别准备一份针对门市咨询岗位的面试问题材料和应聘材料，模拟面试的过程。
（5）撰写一份针对新员工的公司简介。

# 项目29　培训门市店员

在当今的旅游市场，人才已成为推动旅行社发展的重要动力，员工能否与时俱进，及时更新知识和技能，将决定旅行社能否健康发展。

◆ 职业场景

下半年的员工培训工作主要有三项：首先是针对即将到来的金秋十月销售旺季，计调部门开发了多条应季新线路，旅行社拟于下周针对门市咨询接待人员进行一次新产品的推介培训；其次是九月会有三位新来的实习生，需要对他们进行新员工培训；最主要的是店长打算利用十月销售旺季之后的时间，对全体员工进行一次为期两天的户外拓展训练。店长要求小王拟订一份门市下半年的员工培训方案，报批总经理。

◆ 职场解析

店员培训是门市人力资源管理的一项长期任务，旅行社需要定期对新老员工进行各种内容和形式的培训，使其适应瞬息万变的旅游市场变化。

一、分析培训需求

旅行社要根据既有或未来发展目标，定期对员工工作行为、态度和业绩等进行系统评估和分析，发现员工的现有状况与目标状况的差距，以确定是否需要对员工进行在岗培训，以及采用何种培训形式、进行哪些培训。通过分析培训需求，可以制订符合旅行社要求和员工实际的培训计划。

二、制订培训计划

1. 确定培训目标

培训目标就是培训所要达到的效果，应结合受训者、客人、管理者、旅行社等各方面的需要，确定具体而明确的工作任务或目标。如针对新员工的上岗培训，主要是帮助其胜任岗位工作；针对门市咨询人员的新产品推介培训，主要是帮助其理解新线路产品，使其能做好产品推广期的咨询工作；针对财务人员的税务新规专题培训，主要是规范旅行社的财务制度；针对全体员工的户外拓展训练，主要是提升团队的合作精神，加强员工的凝聚力。

2. 确定培训对象

依据培训目标确定培训对象，培训对象一般分为新员工、全体员工、部门员工、岗位员工、不同层次管理人员等。

3. 确定培训内容

培训内容大致分为产品推介类、管理技巧类、企业文化类、专业技术类、安全操作类、财务结算类、个人素养类等类。对于门市而言，产品推介类培训最为频繁。

4. 确定培训方式

第一类：内部培训

（1）专题讲授法。这是目前旅行社采用最多的一种传统培训方式，其知识体系较系统，集中学习，信息量大，常被用于一些理念性知识的培训。这种培训方式类似于填鸭式教学，受训者很难在短时间内全盘掌握学习内容。

（2）现场即时培训法。工作现场即培训现场，在工作现场即时培训，能集思广益，随时发现并解决问题，是旅行社最有效的培训方式。它主要分为三种：第一种，提供助理职务，即安排一些重点培养对象担任部门或店长助手；第二种，岗位调换，即通过职位轮岗让不同员工依次在不同层次、不同岗位任职，全面了解整个门市的工作，得到不同的工作经验；第三种，临时提升，即由于某种原因（如主管长期休病假或出差等）而导致个别职位空缺，可临时指定有培养前途的下级代理该职位。

（3）视听技术法。即借助于现代视听技术（如投影仪等）对员工进行培训。其优点是培训形式直观、鲜明，缺点是内容容易过时，受训者的反馈较差，且制作和购买成本高。多用于旅行社概况、内涵文化、技能传授等培训，也可用于概念性知识的培训。

（4）讨论法。按照所花费用与操作的复杂程度可分为一般小组讨论与研讨会两种形式。小组讨论为多向信息传递方式，受训者的参与性高，费用较低，多用于巩固知识，训练受训者分析、解决问题的能力与人际交往能力，但其对培训教师的要求较高。研讨会多以专题演讲为主，中途或会后允许受训者与演讲者进行沟通交流，其优点是信息可以多向传递，与讲授法相比反馈效果较好，但费用较高。

（5）网络培训法。网络培训法是一种新型的计算机网络信息培训方式，其投入较大，但灵活多样，符合当下分散式学习的趋势，能有效节省受训者的时间与费用。其培训的信息量大，新知识、新观念的传递优势明显，非常适合容易接受新事物的年轻员工。

（6）角色扮演法。由学员进行角色扮演，身临其境，学习专业知识和技能，能加深学习印象，提高培训的主动性，并与实际工作很好地结合，但耗时较长，如果设计不合理、过程管理不当，培训效果会大打折扣。此种培训方式可独立进行，也可与其他培训方式相结合。

（7）案例培训法。通过案例讲解与分析，增强学员分析问题、解决问题、系统思考的能力。通过案例培训，可以达到统一企业理念、判断标准和工作流程，提升实战能力的效果。

（8）训练式培训。这种培训方式更适合技能培训，如礼仪培训、文案写作、销售技巧等。学员通过亲身实践，能加深印象，较快掌握所学内容。

（9）主题学习性工作会议。就企业某一阶段的主题召开专题学习会议，参会人员通过相互学习与交流，统一认识，共同提升。适合部门成员培训和管理人员培训。

第二类：外部培训

（1）拓展训练。体验式培训方式之一，近年来越来越受到旅行社员工的欢迎。它不仅能提升和强化员工个人心理素质，还能激发团队高昂的工作斗志和拼搏创新的动力，使团队更有凝聚力。适用于增强团队精神、磨炼个人意志、挑战自我的培训，学员参与度高。

（2）沙盘模拟。体验式培训方式之一，它将实际工作模拟在沙盘上，在学习知识的同时，系统锻炼思维方式和行为方式，对于解决实际工作中的相关问题有很好的效果，参与性强。

（3）脱产教育。通过阶段性集中学习，可以更系统地掌握专业知识，学习效果好。

（4）现场考察培训。参观其他业绩优秀的门市营业部，借鉴其良好的管理制度和工作流程，在感悟中学习。

（5）员工自我学习。鼓励员工利用业余时间学习，提升学历水平和文化修养，拓展专业知识和技能。旅行社可以采取职务晋升、学费奖励、年度考核等一系列举措，来鼓励员工进行职后学习。员工在业余时间安排自学，灵活性大，成本投入少。

5. 确定培训讲师

培训讲师可以是旅行社内部的技术骨干、中高层管理人员，也可以是外部同行，或是高等院校、行业协会、行业主管部门人员。

就门市而言，旅行社线路产品的设计开发人员要经常给门市接待咨询人员做培训，帮助他们了解最新的旅行社产品。

6. 确定培训预算

只有知道了培训成本的构成，在制订培训预算时才能做到心中有数。

培训成本一般包含以下几类：

（1）人员成本。包括培训管理者的工资，人员上课时的工资，讲师上课时的工资、授课费，外出培训的差旅费、上课费，以及因参与培训而造成的本职工作滞后等成本。

（2）设备成本。是指设备的购买费用、折旧费用、培训室的使用费用、培训室的折旧费用等。

（3）管理成本。包括后备人员的薪水、管理工资、电话费、邮递费、场地租用费，以及其他费用如培训调查表的发放与整理费用等。

（4）材料成本。就是制作用于培训的书籍、影片、资料等的费用。

### 三、实施培训过程

制订好培训计划并经管理人员审核后，就可以按计划有步骤地实施培训了。在实施培训过程中，组织人员要事先取得门市各部门的配合和支持，培训的时间和场地安排尽可能不要影响正常的经营活动；要鼓励培训对象积极参与、认真学习，把培训与考核、晋升、奖惩等有机结合起来，充分调动大家不断学习的积极性；要对培训进行全程监督和控制，确保培训活动顺利进行。

### 四、评估培训效果

在评估培训效果时，可综合运用诸如问卷调查、笔试、绩效考核、服务质量评估、业绩考评等多种方法。

培训效果评估有多种方法，依据时间先后分为三个阶段：

（1）即时评估。是在培训中进行的评估，旨在及时了解培训进展，适时调整培训进度，提高培训的有效性。

（2）训后评估。在培训结束后，检测培训在实际工作中的应用情况及效果。是评估培训效果的最主要方式。

（3）后期评估。是在培训结束一定周期后，通过销售季等门市营收业绩来判断培训给门市带来多大程度的提升。

### 🌿 职业操练

（1）金秋十月销售旺季即将到来，计调部门开发了多条应季新线路，拟对门市咨询接待人员进行一次产品推介培训，请撰写一份培训方案。

（2）下个月将有三位实习生分别到门市的咨询、财务和售后部门实习，请撰写针对他们的培训方案。

（3）店长打算利用十月销售旺季后的时间，组织门市全体员工进行一次为期两天的户外拓展训练，请撰写一份培训方案。

# 单元❿ 门市开店

> 在项目3中我们已经提到,旅行社专门招徕旅游者、提供旅游咨询的服务网点就是旅游业界所称的"门市"。
>
> 传统的中小型旅行社一般采取"前店后坊"的模式,即在经营格局方面,临街的是前台接待部门,后面则是计调、财务等后台职能部门。由于近年来旅游业飞速发展,旅游消费需求迅速扩张,旅行社这种"独家经营"的格局已经无法满足旅游市场发展的需要,更不方便旅游者及时获取旅游信息、报名参团旅游。于是,增设旅行社门市服务网点,实施连锁、加盟经营成为旅行社扩大经营规模的首选。
>
> 增设门市服务网点,不仅能让游客就近报名参团旅游、提高成团率,还能让旅行社完善旅游产品直销网络,健全营销体系。

## 项目30　门市选址

门市既有代表旅行社形象的旗舰店,又有用于一般接待业务的门店。旗舰店主要为了树立企业品牌形象,扩大旅行社知名度;一般门店则主要满足旅游者及时获取旅游信息及报名参团的需求。此处所说的门市,主要指一般门店而言。

门店选址是一项科学的决策过程,店址既要有区位优势,又不能集中扎堆。一个地区如果区位优势十分明显,交通非常便利,基础设施完善,人流量较大,一般都会吸引人们的眼球,就能形成游客集散地。但是,集中扎堆投资设店又会造成同业间的竞争加剧,丢掉区位优势,此时要做的就是"知己知彼,百战不殆。"所谓知彼,就是在确定门店位置之前,了解当地已开业门市的营业情况、店铺数量、经营业态、赢利情况、客源类型,经对比分析后做出最后决策：如果市场饱和、无利可图，则不宜在此选址；如果市场尚有缺口，则需要确定经营特色，让自己能够在业已成熟的市场里能够脱颖而出。

### 职业场景

> 去年，旅行社在同城的闹市区又开了三家门市服务网点，吸引了不少客人光顾。面对激烈的竞争态势，年会上，总经理宣布今年全市各区将增加5家门市服务网点，以稳固旅行社在本市的龙头地位，并由现有各门市分别承担一家新网点的组建工作。创办工作务必于"五一"旅游旺季到来之前完成。小王经过两年的努力工作，其工作能力深得店长肯定，于是店长让其统筹这一工作。

### 职场解析

选对旅行社门市店址，将对旅行社产品销售产生举足轻重的影响。

#### 一、门市店址所在区域类型

旅行社门市店址所处的区域大致包括以下几种。

1. 中心商业区

中心商业区是一个城市的零售中心，店铺数量多，店铺类型即零售业态也很多多，可提供丰富的商品和多种服务。客人到这里购物，有更多的选择机会，并可得到多样化的服务。可以说，中心商业区是一个地区最有零售吸引力的区域。但是，中心商业区停车位紧张、人群拥挤、货物运输不便、地价昂贵。

2. 副中心商业区或辅助商业区

副中心商业区或辅助商业区是一个城市的二级商业区，其规模要小于中心商业区。一个城市一般有几个副中心商业区，每个区内至少有一家规模较大的百货店和数量较多的专业店。副中心商业区的店铺类型及所销售的商品大体上同商业中心区相同，只是店铺数量较少，经营商品的种类也较少。

副中心商业区多以综合型为主，但也有专业型的副中心商业区，即在该区内的各家零售店都经营某一类商品。与中心商业区相比，副中心商业区的客流相对较少，地价相对便宜。

3. 商业小区

商业小区主要有两种形式：一种是集客地周边的商业小区，如车站、体育场、大学等附近的小型商业街；另一种是居民区附近的商业小区。两种商业小区的店铺类型及经营的商品不大相同。集客地周边的商业小区主要经营与集客地活动相关联的商品，如体育场周边的商业小区主要经营体育用品，其店铺类型主要以小型专业店为主；居民区附近的商业小区主要经营居民日常生活需要的便利品，其店铺类型以中小型超市及便利店为主。

一般来说，商业小区的店铺数量不多，每个店铺的规模也不大，但这些商业小区的环境比较安静，停车方便，地价也不高。

4. 购物中心

购物中心很强调各类商店的平衡配置。为了保持这种平衡，一个购物中心往往规定了各类零售商店的营业面积、经营品种及在购物中心内的具体位置。零售商若在购物中心开设店铺，必须考虑这些要求。购物中心的店铺类型或业态形式主要有百货店、专业店和超级市场，零售商在进入购物中心时，还要考虑所选择的业态形式是否符合购物中心开发者的要求。

5. 独立店区

在独立店区开设商店有许多优点，如没有竞争者、地价低、灵活性高、道路畅通、容易停车，开店的具体位置也有较大的选择余地。但是，在独立店区开店也有不少缺点，如难以吸引客人、广告费用较高、承担的公共费用高。对小型零售店来说，因其提供的商品种类和服务很有限，因此，在独立店区开店的风险性很大。相反，对大型零售店来说，如果目标定位准确，在独立店区开店也是一种不错的选择。

## 二、选择店址要考虑的因素

1. 客流因素

客流量的大小是旅行社门市选址要考虑的关键因素。旅行社门店通常设在客流量大而集中的集聚地。客流量大的地方对潜在客人而言，主动或被动接受旅行社产品信息都比较容易，就近咨询和购买旅行社产品也十分便利。

要考虑的客流因素主要包括四个方面：

（1）客流类型。门市客流分为三种类型：一是自身客流，是指那些专程上门咨询和购买旅行社产品的旅游消费者所形成的客流；二是共享客流，是指在门市周边还有多家其他旅行社门市，潜在旅游消费者进行咨询比价时所形成的客流；三是派生客流，是指那些顺路进店获取旅行社产品信息的潜在旅游消费者所形成的客流。

（2）客流目标和滞留时间。不同地段的客流规模虽然可能相同，但客人到访的目的及滞留时间却不尽相同，要做具体分析。如在公共场所附近、车辆通行干道，客流虽然很大，但多与旅行社门市的经营毫不相干，客流速度快、滞留时间短。

（3）街路两侧的客流规模。同样一条街，受交通条件、光照条件、公共设施及行路习惯等的影响，两侧的客流规模往往不同。应尽量将门市选在客流量大的一侧。

（4）客流的购买力情况。高档商业区和住宅区的常住人群往往收入较高，对旅行社产品的需求度也较高。相反，一些老旧小区或外来务工者聚集的地方，尽管人流密集，但旅游产品购买力低下，不适宜开设门店。

2. 交通条件因素

对交通条件因素的考虑主要包括：

（1）店址及附近是否有足够的停车空间。

（2）店址门前的开阔程度。

（3）与大小交通枢纽站的距离与方向。

（4）是否为单行道或车辆禁行道。

（5）与人行横道距离的远近。

3. 竞争因素

同一业态的竞争情况对门市经营有很大影响，因此，在确定门市位置时必须考虑竞争店铺的情况。一般来说，门市销售的线路产品与竞争门市相同或相近，则应该尽量远离竞争店铺开店；如果门市销售的线路产品与竞争门市不同或多为互补性产品，则可选择在竞争门市附近开店。多家旅行社聚集在一个相对集中的区域里，会形成一种良好的旅游商业氛围，吸引更多的潜在客人前来咨询比价，久而久之，就会形成"旅游特色商业街"。因此，是否远离竞争对手，要酌情而定。

4. 地形特点及位置布局因素

考虑地形特点，就是要选择在能见度高的地点开设门市。一般来说，一些大型公共场所的对面都是能见度较高的地段。位置布局因素，是指门市在商业区或购物中心内的相对位置。一般来说，拐角的位置往往是最理想的，它位于两条街道或两条人行通道的交叉处，可以产生"拐角效应"。此外，还应考虑店铺具体位置与周围环境的关系，选址是否有空间弹性，路面是平坦的还是有斜度，采光条件如何等。

5. 城市规划发展因素

在选择门市具体位置时还要考虑城市建设规划所带来的变量。有的地方从短期来看位置极佳，但随着城市的改造和发展，将不适合再开设门市；反之，有的地方从短期来看位置不是很理想，但从规划前景和发展方向来看，这里将成为有发展前途的地段。旅行社必须从长远考虑，在充分了解交通、街道、市政、绿化、公共设施、住宅建设等规划的前提下做出最佳选择。

6. 成本效益因素

店铺选址的最后一道工序是对门市的未来营业额进行评估，同时，还要详细测算成本费用情况，那些人气旺的地段往往寸土寸金，开业成本奇高。在测算了未来门市的经济效益情况后，再决定是否开店。

### 三、门市选址区域评分

对多个候选地址进行比较时，可通过下表中各项目指标评估得分。

| 序号 | 项目 | 分值 | | | | | 计分 |
|---|---|---|---|---|---|---|---|
| | | 5 | 4 | 3 | 2 | 1 | |
| 1 | 门市所处区域类型 | 中心商业区 | 副中心商业区 | 商业小区 | 购物中心 | 独立店区 | |
| 2 | 主要客流年龄层 | | 青年 | 中年 | 老年 | | |
| 3 | 区域发展潜力 | 强 | 尚佳 | 平稳 | 走下坡 | 不佳 | |
| 4 | 营业时间（区域内平均营业时间） | 16小时 | 12小时 | 10小时 | 8小时 | 8小时以下 | |
| 5 | 周一至周五行人营业时间通行量（人/小时） | 3000以上 | 1000~3000 | 500~1000 | 100~500 | 100以下 | |
| 6 | 周末行人营业时间通行量（人/小时） | 3000以上 | 1000~3000 | 500~1000 | 100~500 | 100以下 | |
| 7 | 店前客流量占整个区域客流量的比例 | 80%以上 | 60%~80% | 40%~60% | 20%~40% | 20%以下 | |
| 8 | 交通情况（车流、停车） | 非常好 | 好 | 普通 | 短期内不佳 | 不良 | |
| 9 | 门市所属建筑外观 | 新颖 | 尚佳 | 普通 | 老旧外观尚好 | 不佳 | |
| 10 | 门面结构 | | 店堂门面外凸（相对整条街） | 店堂门面直线 | 店堂门面内凹 | | |
| 11 | 视野开阔（行人在远处能看到店面） | 50米外看到 | 30~50米外看到 | 10~30米外看到 | 10米内看到 | 走进才能发现 | |
| 12 | 商圈主干道结构 | 井字 | 三角 | 十字 | 平行线 | 直线 | |
| 13 | 门面店招、橱窗、宣传面积（平方米） | 20以上 | 15-20 | 10-15 | 5-10 | 5以下 | |
| 14 | 租金（元/平方米/天） | 3以下 | 3~5 | 6万~10万 | 10~15 | 15以上 | |
| 15 | 预估商圈营业额（月） | 3000万以上 | 2000~3000万 | 1000~2000万 | 500~1000万 | 500万以下 | |
| 16 | 竞争情形 | 竞争少集客力强 | 竞争多集客力强 | 普通 | 竞争少集客力弱 | 竞争多集客力弱 | |
| | | | | | | 得分合计 | |

上面计分表里的指标有 16 个，选项以数字大小代表优劣，数字大的表示优，数字小的表示劣，合计得分就是将各选项得分相加。

#### 职业操练

（1）在当地地图中描绘出中心商业区、副中心商业区、商业小区（学校周边 5 千米之内）、购物中心区（学校周边 5 千米之内）。

（2）全班同学进行分组实践活动，在学校周边 5 千米之内寻找适合开设旅行社门市的店址，并对该选址进行评分，各组汇总，进行可行性分析。

# 项目 31　门市设立

按照《旅行社条例实施细则》的规定，旅行社服务网点（通俗而言就是旅行社门市）是指旅行社设立的，为招徕旅游者并以旅行社名义与旅游者签订旅游合同的门市部等机构。该实施细则对旅行社服务网点的设立和经营范围提出了一系列要求。

### 职业场景

经过对多个门市选址方案的分析评估，总经理批准了小王历时一个多月调查选定的新门市店址。该店址虽然位于城郊结合部，但未来发展前景远大，属于人口导入区，轨道交通将途经此地，周边的商业街区氛围已初具规模，在未来两年内将成为城市新的商业副中心。新门市的设立随即被纳入议事日程，并由小王具体操办。

### 职场解析

旅行社设立第一家门市，必须在注册完成之后。如果要开设新的门市，则要选好店址并进行登记备案。

1.门市设立的依据

门市的设立应当符合《旅行社条例》和《旅行社条例实施细则》两部法规所规定的要求。

2.门市设立的条件

（1）门市应当在旅行社所在地的设区的市的行政区划内设立。

（2）门市应当设在方便旅游者识别和出入的公共场所。

（3）门市的经营范围是招徕旅游者，提供旅游咨询服务。

（4）门市的名称、标牌应当包括旅行社名称、门市所在地地名等，不得含有使消费者误解的内容和简称。

3.门市登记备案程序

（1）旅行社持《旅行社业务经营许可证》副本在门市所在地的工商行政管理部门办理门市设立登记手续。

（2）旅行社在完成工商设立登记之日起 3 个工作日内，向门市所在地与工商登记同级或上一级的旅游局备案。备案材料包括：《旅行社业务经营许可证》副本和企业法人《营业执照》副本；门市经理的履历表和身份证明。

备案的同时还要填写《旅行社服务网点（门市部）备案登记表》和《旅行社门市部（分社）负责人履历表》。

### 旅行社服务网点（门市部）备案登记表

| 设立社名称 | | | 设立社许可证编号 | |
|---|---|---|---|---|
| 登记事项 | 项目 | | 具体内容 | |
| | 服务网点名称 | | | |
| | 服务网点备案登记证号码 | | | |
| | 许可经营业务② | | | |
| | 服务网点工商执照号码及登记时间 | | | |
| | 服务网点服务场所地址及邮编 | | | |
| | 设立社中文名称 | | | |
| | 设立社工商执照号码及登记时间 | | | |
| | 设立社经营场所地址及邮编 | | | |
| | 设立社法定代表人及手机 | | | |
| | 服务网点负责人及手机 | | | |
| | 服务网点联系电话/传真 | | | |
| | 许可设立社的旅游行政管理部门 | | | |
| 备案申请人意见 | □法人代表签字：<br>□总经理签字：<br><br>旅行社盖章：<br>年　月　日 | | 所在区县意见 | □ 经审核，同意设立<br>□ 已转报市旅游局<br><br>***旅游局（章）<br>年　月　日 |

填表人：　　　　　　联系电话：　　　　　　旅行社盖章：

---

② 许可经营业务：
(1)一般旅行社门市部填写：国内旅游、入境旅游招徕、咨询服务业务。
(2)出境旅行社门市部填写：国内旅游、入境旅游和出境旅游招徕、咨询服务业务。

**旅行社门市部（分社）负责人履历表**

| 姓名 | | 性别 | | 出生年月 | | 2寸彩色照片 |
|---|---|---|---|---|---|---|
| 民族 | | 身份证号 | | | | |
| 职称 | | 证书名称及编号 | | | | |
| 政治面貌 | | 文化程度 | | 联系电话 | | |

| 工作经历 | 起止年月 | 工作单位 | 职务 |
|---|---|---|---|
| | | | |
| | | | |
| | | | |

负责人身份证复印件

（3）市旅游局收到符合要求的备案材料进行备案登记后，向旅行社颁发《旅行社服务网点备案登记证明》。

4.其他门市设立要求

（1）旅行社应当与门市的员工订立劳动合同。

（2）旅行社应当加强对门市的管理，实行统一管理、统一财务、统一招徕和统一咨询服务规范。

（3）门市应当将《旅行社业务经营许可证》和《旅行社服务网点备案登记证明》与《营业执照》一起，悬挂在经营场所显著位置。

职业操练

（1）查询《旅行社条例》和《旅行社条例实施细则》两部法规中有关服务网点方面的内容。

（2）同学每两人一组，利用《旅行社服务网点（门市部）备案登记表》和《旅行社门市部（分社）负责人履历表》，模拟门市的备案登记。

# 项目 32　门市设计

完成门市的选址和登记之后,接下来的工作就是要根据门市的定位、所处商圈位置、目标客人、建设预算、旅行社内部业务流程等因素来设计和装饰门市。

### 职业场景

> 新门市所在大厦正好位于十字路口,地理位置十分优越。店址在大厦底楼东侧第一家,面积达到了近百平方米。总经理要求小王尽快拿出门市装修布局方案。经过考察和调研,小王参观了多家知名旅行社门市旗舰店和营销店,结合本旅行社的业务特点,很快便确定了满意的装修方案。

### 职场解析

旅行社门市的装潢和布局要能满足各岗位服务人员的工作需要,便于客户与门市服务人员直接或间接沟通,突出旅行社的企业文化和品牌标志,力求营造一种亲切温馨的氛围。

#### 一、店外装饰

门市的外部装饰主要包括店门、招牌、橱窗等,它们是门市的脸面,对潜在客户的入店咨询消费意愿影响很大。

1. 招牌设计

店头招牌是门市店外装饰的重头戏。横式的店头招牌一般设置在店门上方,与店面同宽;竖式的店头招牌一般垂直悬于建筑外墙上,其高度视具体情况而定。店头招牌文字一般是××旅行社××门市(××营业部××店),招牌的字体、字号、色彩和位置应与旅行社视觉形象保持一致。其他宣传企业经营理念的标语等应尽量简洁明了、立意深刻、富有美感。为强化晚间的视觉效果,可用霓虹灯、射灯、彩灯、反光灯、灯箱等灯饰来亮化装饰。总之,店头招牌要新颖、醒目、美观,能吸引各类客人的眼球。

移动招牌主要指摆放于门店门口不影响通行的立地活动招牌,包括易拉宝、电子荧光黑板、活动广告箱、充气拱门立柱等。易拉宝、电子荧光黑板、活动广告箱的文字内容主要以近期热推的旅游线路产品为主,充气拱门立柱比较高大，主要为了营造热销气氛，多在举办各类营销活动、吸引客人前来时使用，其文字内容主要是旅行社名称、标志和营销活动名称。

电子招牌是比较高效的产品线路信息发布设备，包括LED滚动信息显示屏、大屏幕液晶显示屏等，前者可以滚动播放最新的旅游线路产品信息和公告，一般设于店头招牌之下、门框之上，后者可以播放各类旅游目的地照片、视频及旅游产品信息，一般置于橱窗中，或挂于店内墙上。

2. 店门设计

门市的店门一般采用玻璃材质，质感好，采光性强，便于客人从外面看到店内的陈设布局，因此，店门玻璃必须始终保持洁净和透光。安装有大面积玻璃门和玻璃幕墙的门店，应尽可能少贴宣传海报，不能影响视线。由于门市的客流量较大，推拉式或自动感应式的玻璃门都比较容易损坏，因此需要定期维护检查，避免发生意外。

3. 橱窗设计

橱窗是旅行社门市的第一展厅，其设计与布置对于潜在消费者的购买倾向有着重要影响。无论是入店客人还是过往客人，都会有意无意地浏览自己心仪的橱窗展示内容，好的橱窗布置既可起到介绍产品、引导消费、促进销售的作用，又可成为门市吸引过往行人的艺术佳作。没有创意的门市橱窗多以张贴平面旅游宣传海报为主，而富有创意的门市橱窗往往会巧用布景、道具，衬托背景画，配上合适的灯光、色彩、图片、视频和文字说明，分不同季节热推不同旅游线路。

一般来讲，橱窗设计应注意以下几方面的问题：

（1）在展示物的高度方面。橱窗展示广告或主要陈列物的中心线要尽量与客人的视线高度相当，以保证客人站立时能轻松看到展示物。

（2）在制作更换方面。要采取一定措施防热、防淋、防晒、防风、防盗等，还应经常打扫，保持清洁。每个销售季需勤加更换，而且应当在当天内更换完毕。

（3）在陈设内容方面。橱窗陈列的旅游产品必须是本门市热门的、适时的、畅销的产品。要确定主题，系统分类，依主题陈列，让人一眼就能看到宣传介绍的产品内容，千万不能分散消费者的注意力。季节性旅游产品必须在季节到来前一两个月预先陈列出来，这样才能起到应季宣传的作用。

二、店内布局

店内工作区域布局合理与否，将直接影响门市业务部门的工作效率，以及对客服务的便利程度。不同经营定位，在店内布局设计时会有所区别，如旗舰店重在突出企业形象的示范作用，所以店内企业形象展示面积相对较大，各业务区域面积和服务工位数也相应较多；商务区门店针对企业客户的会客区域面积相对较大；居民区门店总体面积不大，考虑到散客咨询业务量较大，所以应优先保证咨询区面积足够用。

总之，不同类型的门市，店内各服务区域的大小、布局及功能各有不同。按照最基本的对客服务功能，我们大致可将门市内部分为迎候浏览区、接待咨询区、业务洽谈区和后勤工作区四个区域。

1. 迎候浏览区

这个区域靠近店门，是客人进入旅行社门市后的第一个功能区域，也是迎宾人员的主要工作区域。如果门市营业大厅较宽敞，或者客流量较大，可在迎候浏览区安排专人负责迎客。此外，这个区域还有一个重要功能，就是为客人提供旅行社产品信息。如果门市面积局促，可以布置一些宣传资料架供客人翻阅领取；在面积宽裕的情况下，可以布置沙发座椅和茶几，供客人休息翻阅，条件许可的情况下还可以提供茶水服务。在产品推荐媒介方面，除了目前广泛采用的产品宣传手册和宣传单外，还可以布置一些电子相框、液晶显示屏、触摸屏和电脑设备，提供丰富而全面的互动电子产品信息。

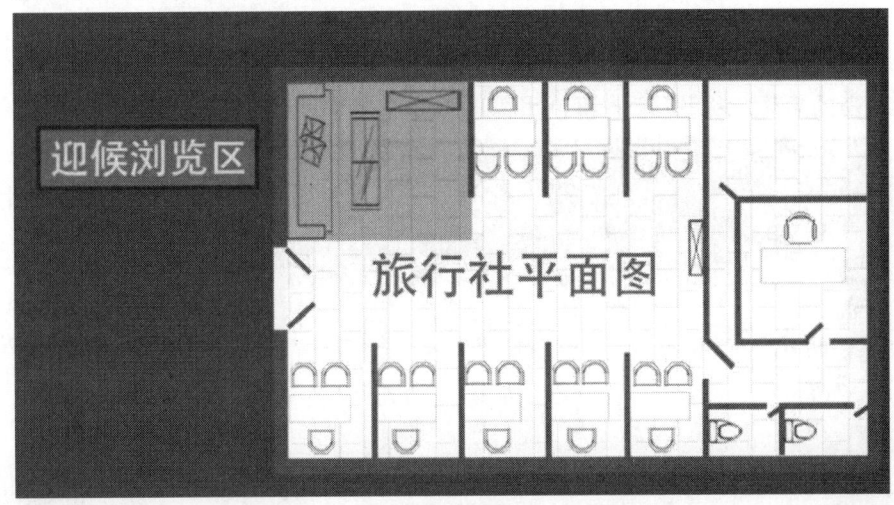

迎候浏览区

2. 接待咨询区

这个区域是任何一家门市的核心，占据中心地位。其面积和工位数要视门市总体面积和客流量而定。工位一般一字排开或采用 U 字形，面向店门设置；每个工位要方便员工进出，便于为客户提供收银、签订合同等接触式服务；每个工位的咨询工作区要能摆放电脑、文件架、打印机、点钞机等必要的办公设备；客人座位与员工座位相对而设，距离不宜超过 1 米。在分工方面，小型门市可以不作划分，大型门市可以根据业务范围分为国内游产品咨询、出境游产品咨询、邮轮签证票务等专项产品咨询工位。

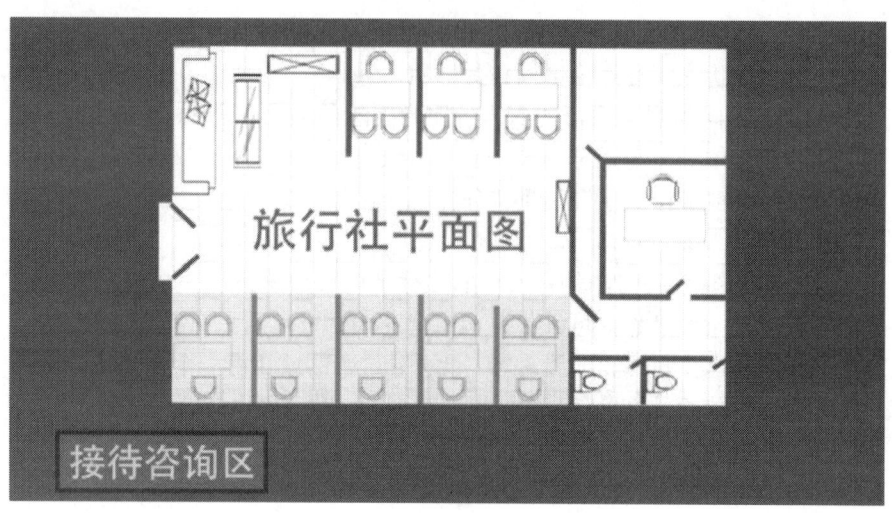

接待咨询区

3. 业务洽谈区

这个区域一般设于门市角落或后部，多用墙体、玻璃幕墙、植物等组成隔断，形成一个相对封闭的区域，适合安排会面、洽谈和出团说明等比较私密的活动，多适用于自组包团客户、VIP客户、投诉客户、出境游客户等。

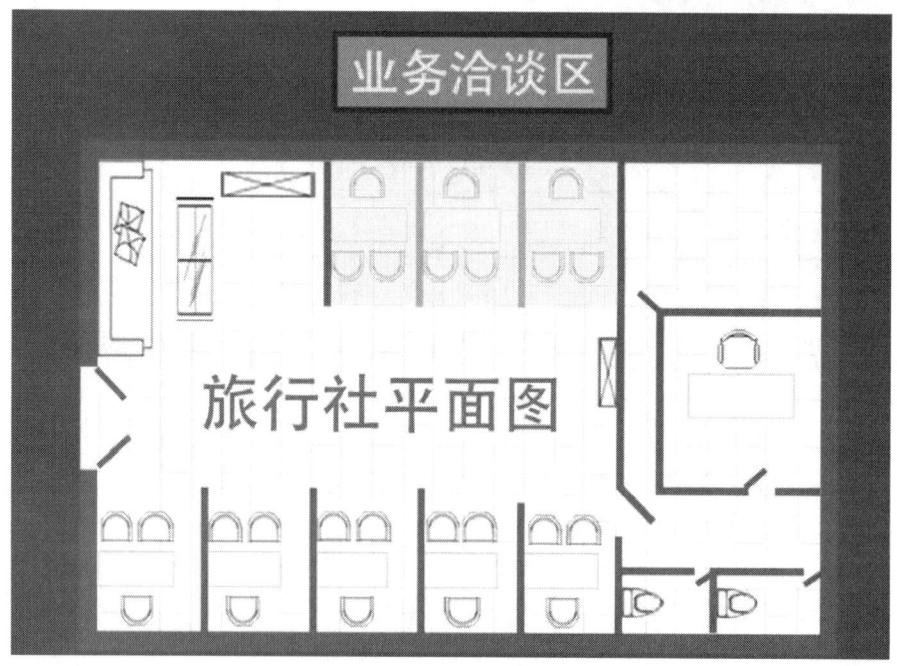

业务洽谈区

如果面积有限，这个区域的功能往往和接待区合二为一；面积如有富余，可设一个单间，摆放一张会客桌和若干座椅；大型门市则可以设置若干大小不一的会客间，满足不同会客需求，其中最大的一间主要用来召开出境旅游行前说明会。业务会客区还应摆放一些茶水服务设施。若在该区域安排客户俱乐部活动，还可以增设必要的多媒体设备。在日常工作中，门市的员工会议、培训等活动也可安排于该区域。

4. 后勤工作区

这个区域是门市的非对客服务区域，主要包括旅行社计调、财务等其他业务部门的办公场所、店长办公室、员工休息室、仓库、卫生间等。除特殊情况外，客人一般不进入该区域。

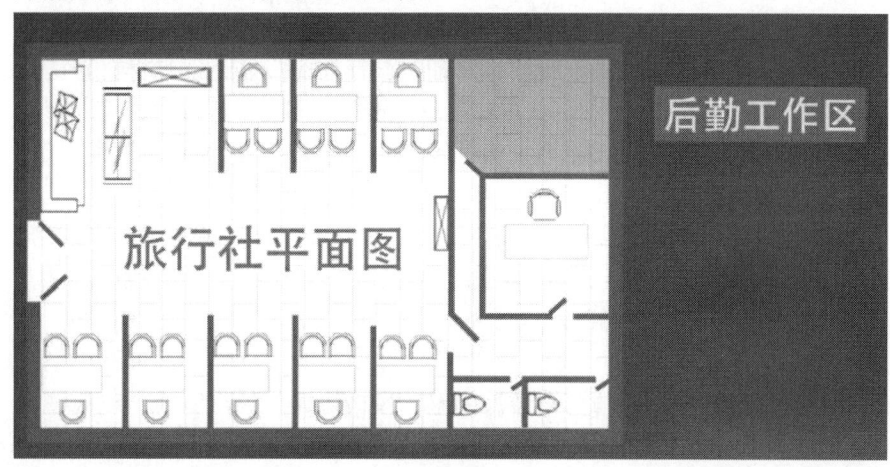

后勤工作区

## 三、店内装饰

旅行社门店装饰主要涉及采光、声音、色调、墙壁、地面、家具、陈列等多方面，要力求使门店变成愉悦和便利的咨询消费环境，并为员工提供健康、舒适和高效的工作环境。

1. 采光

门市工作人员每天都要查看电脑或手册里的产品信息，处理旅游合同、收银单据等各类文档，客人到店后也会在资料浏览区翻阅宣传手册和海报，这些区域的采光必须充足，光线必须柔和，通过改善采光条件，可以消除视觉疲劳、提高工作效率、降低差错率。在背景墙上可安一些射灯，用灯光强化和突出店名，让店外来往的客人隔着窗户也能清楚地看到店内的营业情况。

2. 声音

门市大多选址在人流量大、车水马龙的地段，可按照"隔断店外，优化店内"的原则进行隔音降噪。如临街的一面安装双层中空隔音玻璃，进出门随手关门等。业务繁忙时，接待咨询区会充满各种声音，容易使人烦躁，可"软硬"兼施，降低噪声，硬措施包括：设置工位隔断、调低电话铃声、椅子下安装橡胶垫、墙面吊顶用吸音材料装修、各区域摆放植物、播放优雅的背景音乐、给家具部件和玻璃门涂上润滑油、铺设地毯、使用静音打印机等机器设备等。软措施包括：工作时养成低声交谈的习惯；沟通工作时宁可走近一步也不高声呼叫；走路时轻手轻脚，避免发出声响等。

3. 色调

在色调的设计上，旅行社 VI 视觉识别系统要整体协调，墙面、地面、家具和各类装饰物要尽量选用同一色系的。国内知名的春秋国旅，将其标志性的黄绿色运用在各家门店的内外装饰上，辨识度高，企业文化氛围突出。

4. 墙壁

旅行社要将营业执照、经营许可证、旅行社门市登记证等材料悬挂于门市墙壁显眼位置处。此外，一般在墙壁上悬挂电子显示设备，如大屏幕液晶显示器、触摸屏、投影仪、电子相框等，这将大大提高旅游信息的发布量。

5. 地面

迎客浏览区和接待咨询区多采用地砖来装饰地面，既耐磨又易于清扫，既美观又整洁。在后勤工作区和业务会客区可以考虑使用木质或复合地板，也可在 VIP 会客间铺设地毯。

6. 家具

办公家具的格调应与门市装潢的整体风格协调一致，简约、现代、中式、时尚等都是不错的选择。采购的家具尽可能采用绿色环保材质，有益于客人和门市工作人员身心健康。

7. 陈列

浏览区和咨询区内的物品陈列可以起到展示产品、刺激购买、美化环境、方便工作等作用。在浏览区，应按类陈列各类海报、手册，如以国内出境、出行时间长短、旅游目的地、旅游主题、旅游价位等分类。陈列架的高度应方便客人取用，并及时补充和整理。在咨询区的工作台面上，陈列的物品包括电脑显示屏、文件架、打印机、工号牌、当季热销产品单、签字笔等，空间许可的情况下，还可以摆放些小绿植，用于美化环境，调节气氛。

## 职业拓展

### 一、智慧门市体验店设计的创意背景

1. 智慧旅游的时代已经到来

云计算、物联网、泛在网、移动通信、移动互联网、智能手机和平板电脑的迅猛发展，以及旅游在线服务、网络营销、网络预订和网上支付的积极开展，使得旅游企业的信息化服务水平日趋成熟和完善，打造智慧旅游的时机已经到来。

2. O2O 是旅游业的本质要求与发展方向

线上完成交易，线下消费体验的 O2O（On-line To On-line）线上线下互动模块将是现代旅游业的发展方向。O2O 的核心特征不仅是在线平台整合线下资源，带来线下消费，更是通过信息技术改造传统行业，提升效率和价值。新型的旅游电子商务公司开始成为旅行社业务的重要经营者。但是，需要说明的是，传统旅行社的线下生产销售模式与现代电子商务线上经营模式不是相互替代的关系，而是互相融合的关系，线上经营离不开线下服务，线下也需通过线上获得客户。

3. 智慧旅游应用

智慧旅游让游客与旅游目的地的距离越来越近，让旅游服务越来越人性化。大型旅游品牌 Thomas Cook 在 2012 年开办了外观和风格类似于苹果零售商店的高科技旅行社。在 130 平方米的空间内，消费者可以选择各种方法来搜索和预订旅行产品，他们也能在柜台直接向旅行代理咨询和预订旅行产品。店内配备了平板电脑和宽大的屏幕，客人可以浏览产品内容。

目前，智慧旅游移动应用 APP 上线的有很多，它们为消费者提供航班信息、地图、前往机场的详细信息、酒店和目的地信息，以及包括必到景点列表、天气提醒和社交媒体链接。

4. 金棕榈智慧旅游体验店

金棕榈作为中国旅行社行业最具影响力的第三方平台服务企业，紧紧把握行业发展趋势，不断开拓创新，在国内首创提出了"金棕榈智慧旅游体验店"解决方案。

金棕榈智慧旅游体验店是在传统旅行社门店的基础上，通过信息技术和配套的硬件设备，以游客互动体验为中心，以先进的金棕榈旅行社业务系统、金棕榈智慧旅游体验系统等软件为保障，充分展示了旅游服务的智能化和个性化，全面提升游客在旅游活动中的自主性、互动性，将"智慧"发挥到极致，从而为游客带来智慧化的旅游服务和旅游体验，为旅游企业开拓更高效的营销平台和更广阔的客源市场。

## 二、智慧旅游体验店与传统门市的区别

1. 服务内容方面

传统门店：服务内容单一，主要是旅游产品的销售。

智慧门店：扩充门店服务内容，有效发挥门店作用。智慧旅游门店不仅提供产品销售服务，还提供产品展示、客户体验、社交互动等服务。

2. 产品类型方面

传统门店：产品单一，主要提供旅游线路预订，订车、订房、订票等单项服务。

智慧门店：产品类型丰富，延伸了门店的营销范畴。产品不仅包括传统旅游线路，订车、订房、订票等单项产品，还可增加租车、导游、签证等服务，以及旅游周边产品及衍生产品（如旅游纪念品、旅游日用品、户外运动用品等）、广告服务（景区景点广告、旅游周边及衍生产品广告）等。

3. 服务模式方面

传统门店：服务模式单一，主要为柜台式服务。

智慧门店：个性化服务，满足不同层面客户的需求，提高客户满意度。服务模式多样化，有柜台式咨询服务、自助终端服务、VIP 顾问服务、社交互动服务、智慧旅游体验服务等多种服务形式。

4. 服务要求方面

传统门店：服务标准与企业文化和企业定位不一致，线上服务和线下服务流程不统一；经营时间通常是 9:00—17:30。

智慧门店：从门店的装修风格、员工形象、服务规范等方面与企业文化和定位一致，线上和线下服务流程有统一标准，可实现全天候经营。

5. 硬件设备方面

传统门店：只有一些传统的电脑和办公设备。

智慧门店：综合考虑门店功能、服务类型等，结合新的移动终端，提供无线上网、自助查询，智能体验等硬件设备。

6. 软件系统方面

传统门店：只有给业务员使用的系统。

智慧门店：提供给用户使用和体验的系统，实现线上与线下、企业和游客之间的互动。

7. 功能区域方面

传统门店：咨询、销售区域占据了门市的绝大部分。

智慧门店：根据多元功能定位，包括体验等待区、自助服务区、贵宾服务区、客户接待区、会员俱乐部、产品展示区和财务收银区等。

### 三、智慧旅游体验店设计规划

1. 体验等待区

该区域主要为客户提供旅游体验服务，同时也兼具等待区功能。

（1）规划建议。将体验等待区打造成门店的一个活跃区，对门店各功能区域划分清晰、指示清楚、容易辨别。客户在这里可以通过配套设施进行智能体验，成为吸引客户长时间驻足的重要区域。作为等待区，可在一个或数个区间内配置舒适的椅子，并在醒目位置放置资料架及旅游纪念品展销柜。

（2）配套软硬件。软件主要指智能排队系统、智能体验系统；硬件主要指排队取号机、触摸式一体机。

（3）说明。智能排队系统通过输入手机号取号，由此获得客户信息。考虑到短信或微信会有延迟，建议通过窗口显示屏（或语音播报、LED 显示器）配合短信提示，通知客户排队信息。智能体验系统的内容与企业业务系统所提供的产品信息应同步，方便客户了解最新的产品信息，并提供配套的视频、图片等产品资料，让客户全方位地了解旅游产品。

2. 自助服务区

在该区域，客户可以进行自助产品预订操作。

（1）规划建议。成为门店的特色区域，通过现代信息技术和先进的硬件设备，供客户自助进行产品查询、产品预订、产品支付和凭证打印。

（2）配套软硬件。软件主要指自助预订系统、订单支付系统；硬件主要指自助售票终端和移动支付终端。

3. 贵宾服务区

在该区域，主要为 VIP 客户（OR 团体客户）提供服务。

（1）规划建议。VIP 客户专属服务区强调私密性，为 VIP 客户提供一对一的顾问式服务。

（2）配套软硬件。软件主要指移动业务系统（支持 IPAD/WINDOWS 操作）；硬件主要包括平板电脑。

4. 客户接待区

在该区域，服务类型为传统柜台式服务。

（1）规划建议。在传统柜台式服务模式基础上，通过更先进的硬件设备、更优质的服务水平、更规范的服务标准为客户提供接待、咨询、预订等服务。

（2）配套软硬件。软件主要指门店销售系统、证照资料管理系统（RFID）；硬件主要包括扫描枪、读卡器、电子标签等。

5. 会员俱乐部

在该区域，会员可进行消费记录查询、积分查询与兑换、优惠信息与活动查询、社交互动、照片打印等。

（1）规划建议。该区域的规划应能实现对传统旅行社门店功能的一大突破，即会员可在此自助查询会员信息、兑换积分，进行线下互动、驴友聚会、旅游交流，开辟会员旅游照片展示区等。

（2）配套软硬件。软件主要有会员系统、自助照片打印系统等；硬件主要包括触摸式一体机、照片打印机、液晶屏等。

（3）配套活动区/茶歇区。会员俱乐部可设置一个会员活动区，会员可自由交流，享受免费的茶水和咖啡，定期组织一些主题活动或产品推荐会等。

6. 产品展示区

该区域主要发布产品信息的和推送广告。

（1）规划建议。展示区可设在门店入口处，如果门店临街，可设在橱窗处，方便路人看到；门店的走道、墙壁均可作为展示区。另外，可通过手机、平板电脑和触摸屏，提供多种形式的展示渠道。

（2）配套软硬件。软件主要有广告推送系统、产品二维码；硬件主要包括广告屏、拼接屏等。在智慧旅游门店，如能将企业和门店的产品展示提前制作成二维码，让客户随时、随地、自由操作，可充分发挥客户智能手机在智慧门店中的智慧体验功能。

7. 财务收银区

（1）规划建议。传统门店的收银模式为统一收银，这虽然能保证收银的安全性，但在服务的便利性和客户体验感上却不尽如人意。智慧门店除了传统收银台，也有移动收银、在线支付等收银方式。收银台主要服务于旅游线路的支付或是大客户的转账，移动收银主要面向自助服务客户或是单项服务客户。

（2）配套软硬件。软件主要有收银系统、移动支付系统；硬件主要包括读卡器、移动 POS 机等。

◆ 职业操练

设计一份旅行社门市设计方案，门市面积为 50 平方米（门面宽 5 米，店深 10 米），其地处商务区，预算 20 万。

# 单元 ⓫ 信息化操作

> 目前,越来越多的旅行社建立了自己的信息化业务管理软件平台,在平台上完成供应商管理、产品设计、门市收客、业务分销和协同办公,达到规范业务流程、提高工作效率、降低工作成本、实现资源共享的目的。

## 项目33 操作系统简介

本单元以上海照梵软件有限公司出品的云驴通智"慧旅行社智慧门店销售管理系统"为例进行论述。

云驴通智慧旅行社智慧门店销售管理系统面向旅行社门店的销售人员,可以实现国内游、出境游等各类旅游产品的查询、询价、销售、收银报送,以及包团业务的询价、报价审核、订单确认和收银报送等业务流程,具有线路预订、订单查询、拼团销售、知识库、公告管理等功能。

### 职场解析

#### 一、基本情况介绍

1. 系统结构

业务平台主要分为后台管理和前台销售两个部分,后台管理包括线路团队的策划和审核、订单和游客信息的管理、团队结算管理、基础信息录入等操作模块。本文主要以旅行社门市使用的前台销售操作系统为主进行讲述。前台销售包括客户管理、报价管理、订单管理、收银管理、合同管理、统计分析、知识库和我的账户等操作模块。

2. 运行环境

门市操作人员可以通过浏览器登录业务平台(http://801.crm.cloota.cn/),即可进行相关操作。操作方式和普通网站类似。

## 二、系统登录

### 1.系统登录

登录系统要选择相应的功能模块,输入用户名、密码和验证码。如要更换验证码,可以点击"看不清"按钮,系统会显示一条新的验证码。如果输入的信息正确,则进入销售系统操作界面。

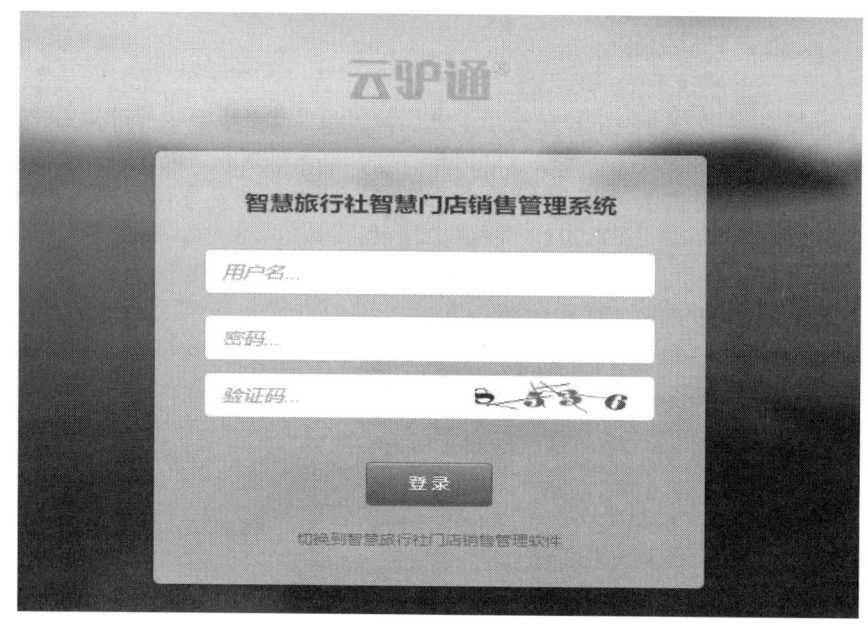

登录系统

### 2.系统退出

用户如果要退出系统,可以点击系统界面右上角的"退出"按钮,即可退出系统,系统同时会注销用户的登录状态。如果直接关闭系统界面或因其他原因非正常退出系统,再登录时系统会有信息提示,请按提示操作即可。

退出系统

## 三、系统界面介绍

系统界面主要分为八个部分:客户管理、报价管理、订单管理、收银管理、合同管理、统计分析、知识库和我的账户。其中,客户管理、报价管理和订单管理是门店销售人员经常用到的模块。

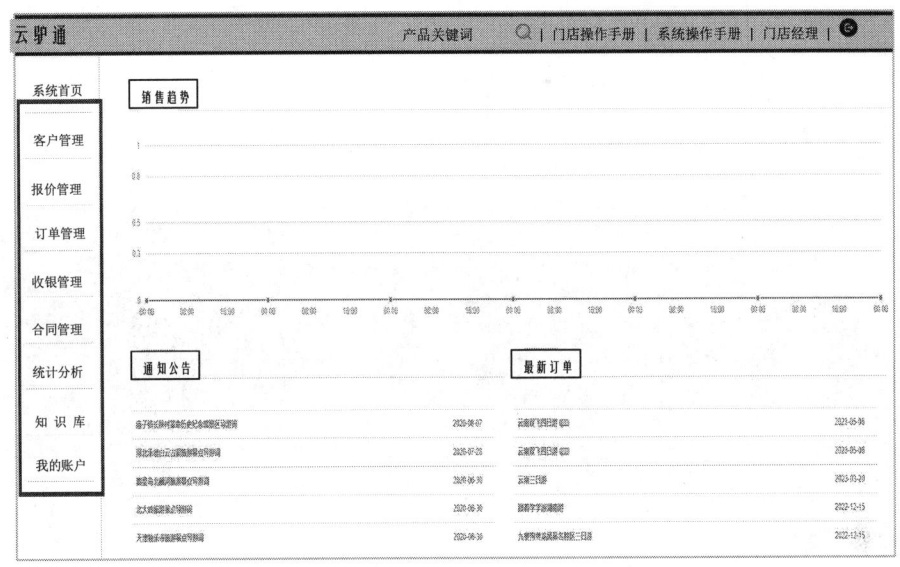

云驴通操作界面

系统界面左侧菜单会显示该业务功能下的操作菜单，它们基本上是按该业务操作流程来设置的。单击菜单项，在系统界面中部的操作模块中会显示相应的操作界面，该菜单项下对应的操作都在这个操作界面进行。由于用户权限不同，登录系统后看到的操作功能模块也会有所不同。

## 四、首页查阅

在平台首页，是门市操作人员首先需要查阅的三个模块，它们分别是"销售趋势""通知公告"和"最新订单"，其中最主要的是"通知公告"模块。

| 通知公告 | | 最新订单 | |
| --- | --- | --- | --- |
| 庙子镇长秋村革命历史纪念馆景区导游词 | 2020-08-07 | 云南三日游 | 2023-03-20 |
| 河北承德白云古洞旅游景点导游词 | 2020-07-28 | 跟着学学游湖南游 | 2022-12-15 |
| 秦皇岛北戴河旅游景点导游词 | 2020-06-30 | 九寨沟黄龙风景名胜区三日游 | 2022-12-15 |
| 北大坊旅游景点导游词 | 2020-06-30 | 云南三日游ab | 2022-12-15 |
| 天津独乐寺旅游景点导游词 | 2020-06-30 | 云南三日游 | 2022-12-15 |

首页查阅界面

"通知公告"模块主要展示的是相关人员发布的旅游资讯、活动通知、订单信息等，可以帮助门市操作人员及时把握业务动态；"最新订单"模块显示的是相关操作人员为客人填写的最新订单，点击相关订单后，会跳转到

"订单详情";"销售趋势"显示的是近六日的销售业务情况,采用曲线图的形式展示。

山东民居

# 项目 34 标准产品销售操作

标准产品销售,就是针对旅行社已发布的产品线路,接收散客个人或团体的报名操作。

● 职业场景

在经过一番详细咨询后,一对情侣决定报名参加"云南游"产品线路,于是小王在电脑前为其填报了相关信息,完成了报名手续。

● 职场解析

一、基本操作流程介绍

标准线路(散客)报名主要分"国内游""出境游"和"周边游"三个模块。将游客按订单归类,再由订单关联团队。下面简要介绍前台销售如何对一条标准线路报名。报名流程图如下:

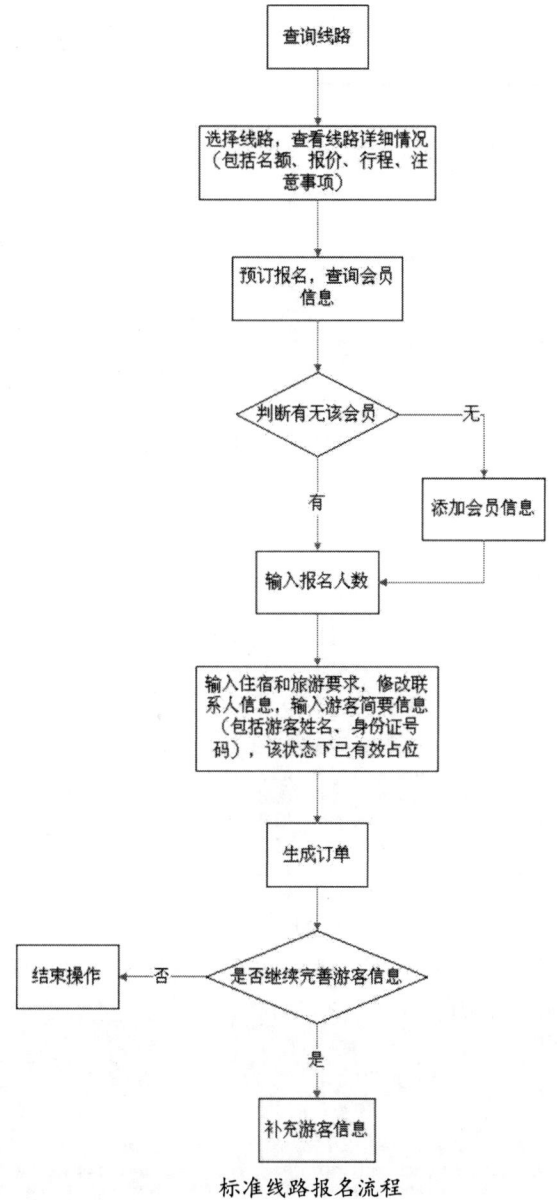

标准线路报名流程

## 二、已发布产品线路报名

1. 检索线路

登录门店销售管理模块后,在系统左侧导航栏里,选择"订单管理"中的"散客订单管理"菜单,这里有两种方法查询线路:一是在快捷搜索栏内输入线路名称;二是点击菜单模块中的"订单管理",选择相应区域再确定线路。

检索散客订单线路

2. 预订报名

有散客报名路时，可以先点击"新增"按钮，表示有人需要报名，需要新增订单。

散客订单报名

再根据出发日期或价格区间选择相应的产品，点击"预订"按钮即可进入详细的新线路界面。

散客订单产品下单

转到"新增散客订单"页面，可在客户处点"选择"（客户报名前，需要在"客户管理"菜单里添加客户信息，添加完成，在此处就可以选择客户了），选定是否为同业客户（方便后面做收入明细，同业客户和一般客户收费标准是不一样的）。

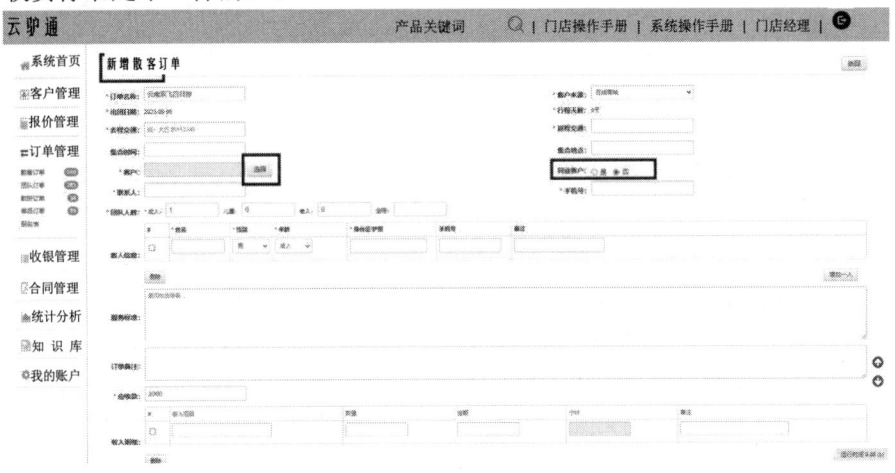

新增散客订单

如果行程中有多位客户，那么需要在客户信息处点击"增加一人"按钮。订单尚未达到满员之前，门店销售人员都可以在同一条线路产品中增加客户人员名单。

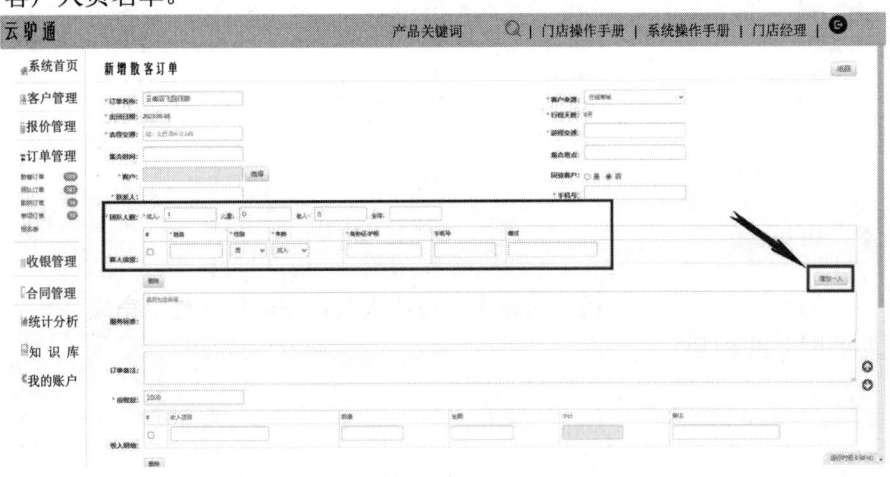

增加客户人员名单

填写客户的报名信息后，继续填写服务标准、备注信息及收入明细等内容，在最下方勾选"订单已确认"的复选框，点击"提交订单"。

提交订单

确认提交订单后，进入该订单的处理页面，可查看详情、编辑订单、查看客人信息、处理收款、退款、开票、合同、供应商付款、订单完成及锁定、审核等操作。门店销售人员只需提交流程，系统会自动分配任务到企业相关岗位人员。如进行收款、退款等操作，后台的财务人员会收到相应的指令去处理账务。

后续操作

### 职业操练

同学两两一组，互相扮演客人和接待人员，在软件平台上完成某一线路的网上报名工作。

# 项目35　包团产品销售操作

包团产品销售操作，是指针对独立组团的个人或团体的出游需求，进行一系列询价、报价、确认和报名的信息化操作过程。

## 职业场景

暑假即将来临，学校将组织80位教师前往厦门四日游，预算每人费用2000元。工会负责人联系小王，希望他能安排此次活动。小王在旅行社门店销售管理软件上填写了询价单。计调部完成报价后，小王联系了学校工会负责人，并得到了他们的认可，于是小王完成了这笔包团订单的操作。

## 职场解析

### 一、基本操作流程

在旅行社产品中，有许多根据客户需求特别定制、独立成团的产品，也就是我们通常所说的包团产品。国内游和出境游的包团操作遵循以下流程：

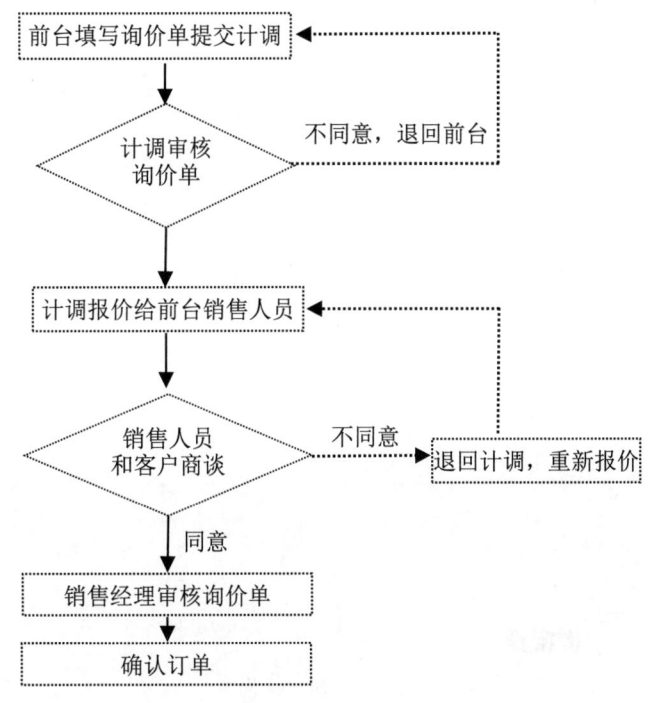

包团操作流程

### 二、创建团队报价单

门店操作人员登录门店销售管理模块后，点击左侧导航栏中的"报价管理——报价管理"，然后在右侧点击"创建报价单"按钮。

进入"创建报价单"操作界面

也可在团队报价管理这个界面中直接对已有产品进行"报价""编辑""删除""复制"等操作。(复制指的是对已有产品,可以针对特定客人做一些更改,比如提高或降低消费标准)

1.创建报价单

首先点击"创建报价单",进入新增团队订单信息输入界面。

创建报价单

填写或编辑报价单信息的输入要求如下:

(1)产品名称:简单描述团队行程概况,如"北京4日""日本6日""杭州会议2日"等,具体内容可由前台销售自己定义。

(2)路线类型:可以选择包团的业务类型是国内游还是出境游。

(3)出发地、目的地:这属于路线类型的二级选项,可根据不同业务类型来显示相关地域名称,并在这个地域名称的下拉数据中进行业务维护。如果业务类型是国内游，则线路区域中显示的是国内的各个省份；如果业务类型是出境游，则线路区域中显示的是境外各个区域分类，如日韩、东南亚等。

(4)出团日期：选择游客出发的日期。

(5)行程天数：输入行程的天数。

(6)团队人数：输入团队出行人数。可根据团队成员年龄分别输入人数，也可只在"成人"栏中输入总人数。

(7)行程安排：填写行程天数（天数变化，下端行程详情框会自动增加或减少），根据行程内容填写行程描述。

输入完信息后点击"提交订单"按钮即可。

2.报价处理

提交订单后，在操作界面左侧导航栏的"报价管理—报价管理"模块就会出现之前提交的订单信息，然后点击"报价"按钮，开始报价工作。

开始报价

点击"报价"按钮后，可以查看"报价单明细"，查看完毕，将操作界面拉到最下方，点击"报价"按钮。

查看"报价单明细"

在"报价项目"界面，可以通过"增加一行"和"删除"操作来增减订单的报价项目，填写相关的服务内容、数量和单价。

修改报价项目

需要向外部供应商进行询价的报价项目，可以点击"向供应商询价"链接，跳转至"向供应商询价"的界面，系统会自动显示一个报价的二维码。可以将二维码或者链接发给供应商，供应商填好相关信息后，系统会自动显示各供应商的报价。

3.修改报价单

如果需要修改已生成的报价单，首先选择要修改的报价单，点击"编辑"小图标，系统进入"编辑报价单"界面，在这个界面中可以修改所选报价单的内容，再点击"提交"按钮即可。

4.复制报价单

情况相似的包团游需要制作报价单时，可以复制之前做好的报价单。首先选择要复制的报价单，点击"复制"，系统进入"复制报价单"界面，在这个界面中可以修改所选报价单的内容，再点击"提交"按钮，系统就会生成一条新的报价单。

5.提交报价单

制作好报价单后，可以提交后台审核或者取消该报价单。单击报价单记录中的"审核"，系统会显示"订单审核"界面。可在"审核意见"中填写相关内容。如果选择"审核通过"，系统会将询价单发给报价单中指定的后台操作部门；如果选择"审核失败"，系统会取消该报价单。选择好操作选项后，点击"确定"即可。

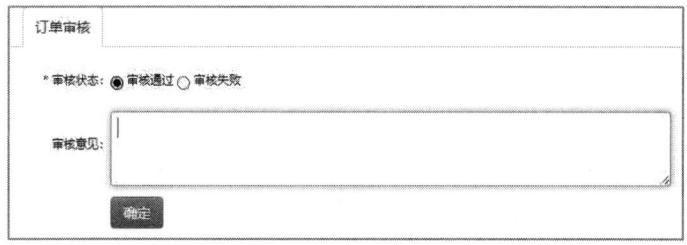

审核报价单

在报价和审核都完成之后，系统后台会制作出一份标准格式的报价单。点击订单信息栏后面的"放大镜"按钮便可查询报价内容。

查询报价单

在弹出的"报价单明细"界面，点击最下方的"导出报价单"按钮。

导出报价单

系统弹出标准格式的"报价单"，既可直接打印，也可导出为 word 文件。

将报价单导出为 word 格式

## 三、团队订单操作

登录门店销售管理模块，先点击左侧导航栏中的"订单管理"，可对未确认的团队订单进行查看订单详情、编辑订单、查看报名表、安排导游、操作预算、决算、退款、开票、合同和付款等处理。门店操作人员每点击一步，系统便会自动跳转到对应的岗位人员。门店操作人员只要完成通知流程即可。

团队订单管理

在这里要特别说明一下预算和决算的区别。

预算：是指在团队出团之前，计调一般会对产品做初步的成本估计。

决算：在实际执行团队订单的过程中可能会遇到各种变化，初步做的成本估计也会相应发生变化，这时就要以实际发生的成本进行核算。

◆ 职业操练

同学两两一组，互相扮演客人和接待人员，在软件平台上完成某一独立成团产品的网上询价和报名工作。

# 参考文献

[1] 徐云松，左红丽. 门市操作实务（第2版）. 北京：旅游教育出版社，2008.

[2] 浙江省教育厅职成教教研室. 门市服务. 北京：高等教育出版社，2010.

[3] 浙江省教育厅职成教教研室. 旅行社服务与管理. 北京：高等教育出版社，2009.

[4] 梁雪松，张建融. 旅行社门市管理实务. 北京：北京大学出版社，2011.

[5] 徐萍. 旅游门市接待. 北京：中国铁道出版社，2009.

[6] 赵春涛. 门店销售技巧. 北京：中国物资出版社，2011.

[7] 麦肯思特营销顾问公司. 门店销售——技巧与策略. 北京：经济科学出版社，2005.

[8] 冯国群. 旅游计划与调度. 北京：旅游教育出版社，2011.

[9] 戴斌，孙延旭. 旅行社经营管理. 北京：旅游教育出版社，2016.

[10] 人力资源和社会保障部教材办公室. 旅行社业务. 北京：中国劳动社会保障出版社，2009.

[11] 刘爱月. 旅行社经营与管理. 北京：对外经济贸易大学出版社，2010.

[12] 王杨. 旅行社经营管理实务. 北京：北京交通大学出版社，2009.

[13] 周晓梅. 旅行社经营管理. 重庆：重庆大学出版社，2008.

[14] 张骏，葛益娟. 旅行社经营管理. 北京：旅游教育出版社，2010.

[15] 蔡必昌. 旅行社管理实务操作手册. 广州：南方日报出版社，2004.

[16] 刘国强. 旅行社运营管理. 北京：机械工业出版社，2008.

[17] 丁正山，黄彦婷. 旅行社经营管理. 北京：化学工业出版社，2009.

[18] 许霞. 旅行社经营管理. 北京：北京交通大学出版社，2011.

[19] 孙宗虎，肖书民. 旅行社管理流程设计与工作标准. 北京：人民邮电出版社，2008.

[20] 张胜男. 旅行社礼仪. 北京：旅游教育出版社，2010.

[21] 熊晓敏. 旅行社 SALES 外联营销手册. 北京：中国旅游出版社，2009.

[22] 徐郅耘，龙睿. 定制旅行服务与技能. 上海：上海交通大学出版社，2020.

[23] 王宁. 旅行社经营管理. 北京：清华大学出版社，2014.

# 后记

门市接待是一个操作性很强的工种，要求员工具备丰富的旅游知识、良好的沟通能力、娴熟的办公系统操作技能并对工作流程了如指掌。如何以人为本、因岗制宜，打造一本既专业又实用的旅行社门市接待用书，是我们编写本书的初衷。

该书的编写做到了"两个符合"，即符合入职员工的认知过程，符合岗位工作过程实际。

根据人们对旅行社门市岗位的认知、适应和胜任过程，我们在编写时按照"入职篇——见习生""专业篇——接待员"和"管理篇——店长"三个层次递进编写。这三部分标题和内容与入职者的职业生涯和认知过程一一对应，即从一开始实习从业的半年时间里，担当门市实习生或接待助理，主要工作是熟悉门市各工位的工作内容和流程，掌握门市岗的仪容仪表、技能操作要求，能够协助接待客户；经过半年的业务熟悉，发展到能够独立工作，成为一名专业接待员，依据门市操作规程负责具体接待事务；再经过两三年的磨炼，最后能独当一面，成为门市部门主管或店长，能开展一些开设新店、培训新员工的管理工作。

本书由上海第二工业大学附属浦东振华外经职业技术学校冯国群担任主编，上海第二工业大学附属浦东振华外经职业技术学校黄奇俊、上海市浦东外事服务学校褚一清、黄海亮，北海市旅游培训中心王淑霞担任副主编。参加编写的人员还有上海市现代职业技术学校戴晓琳，上海工商信息学校陈坚敏，上海石化工业学校周漫青，上海市商业学校孙慧娟，上海市商贸旅游学校杨晨，上海棕榈电脑系统有限公司 CEO 潘皓波，上海照梵软件有限公司总经理程伟勇、市场总监赵颖，广东省广州市岭南国际旅行社股份有限公司总经理何金祥，云南兰坪县中等职业技术学校杨思远、杨金翠、罗仕章等。全书由冯国群拟纲、统稿、修改和定稿，广州广之旅国际旅行社股份有限公司营销总部经理黄春祺主审。文中信息化操作插图由上海照梵软件有限公司提供；旅行社平面图由上海棕榈电脑系统有限公司提供；第 18 页推介旅游产品插图、第 46 页迎宾服务插图、第 98 页签订旅游合同插图由冯国群提供；其余插图由景晓莉拍摄或提供。二维码资源中的"门市接待工具箱"由景晓莉更新整理；视频资源"判断客人入店需求""门店咨询服务"由冯国群提供；其他视频资源由旅游教育出版社提供。

本书的编撰得到了上海市教育委员会教学研究室袁笑老师和上海第二工业大学附属浦东振华外经职业技术学校董永华校长及同事们的大力支持，携程旅游学院徐璐院长提供了定制旅行服务产品素材，上海棕榈电脑系统有限公司 CEO 潘皓波先生提供了旅行社智慧门市体验店设计方案，上海照梵软件有限公司总经理程伟勇先生提供了旅行社门市业务实训模拟系统，在此向他们表示诚挚的谢意。编写过程中参阅和引用了一些宝贵的资料文献，谨向有关作者表示感谢，正是他们研究成果的融入，使得本书更充实、丰满。

本书既可作为广大旅游院校教学用书，亦可作为行业培训用书和从业者上岗自学用书。

因编写水平有限，书中难免有不足和疏漏，敬请读者不吝指正。

编者<br>
2023 年 5 月